ANDALOUSIE
ET COSTA DEL SOL

Libre Expression
QUÉBECOR MEDIA

Gauche **Forêt de colonnes, Mezquita de Cordoue** Droite **Ronda**

Libre Expression
QUEBECOR MEDIA

DIRECTION
Cécile Boyer-Runge

RESPONSABLE DE PÔLE
Amélie Baghdiguian

ÉDITION
Catherine Laussucq

TRADUIT ET ADAPTÉ DE L'ANGLAIS PAR
Dominique Brotot
avec la collaboration d'Isabelle de Jaham
et d'Aurélie Pregliasco

MISE EN PAGES (PAO)
Maogani

DK

www.dk.com

Ce guide Top 10 a été établi par
Jeffrey Kennedy

Publié pour la première fois en
Grande-Bretagne en 2004 sous le titre :
Eyewitness Top 10 Travel Guides :
Top 10 Andalucia & Costa del Sol

© Dorling Kindersley Limited, London 2004
© Hachette Livre (Hachette Tourisme) 2005
pour la traduction et l'édition française
© Éditions Libre Expression, 2005, pour
l'édition française au Canada
Tous droits de traduction, d'adaptation et de
reproduction réservés pour tous pays.

IMPRIMÉ ET RELIÉ EN ITALIE PAR GRAPHICOM

Éditions Libre Expression
7, chemin Bates
Outremont (Québec)
H2V 4V7

Dépôt légal : 1er trimestre 2005
ISBN : 2-7648-0204-8

Le classement des différents sites
est un choix de l'éditeur et n'implique
ni leur qualité ni leur notoriété.

Sommaire

Andalousie Top 10

À ne pas manquer 6

Grenade maure 8

Séville : la cathédrale et la Giralda 14

Séville : les Reales Alcázares 16

Cordoue 18

Cadix 22

Ronda 24

Costa del Sol 26

Baeza et Úbeda 28

Parque Nacional del Coto Doñana 30

Sierra Nevada 32

Un peu d'histoire 34

Héritage maure 36

Alcázares, palacios et *castillos* 38

Lieux de culte 40

Aussi soigneusement qu'il ait été établi,
ce guide n'est pas à l'abri
des changements de dernière heure.
Faites-nous part de vos remarques,
informez-nous de vos découvertes
personnelles : nous accordons
la plus grande attention
au courrier de nos lecteurs.

Gauche **Alcalá La Real** Droite **Costa del Sol**

Villages   42

Réserves naturelles   44

Promenades, places
et jardins   46

Plages   48

Sports et activités
de plein air   50

Excursions à pied
et en voiture   52

Musées   54

Art et culture   56

Culture gitane   58

Fêtes religieuses et profanes   60

Avec des enfants   62

Qu'acheter en Andalousie   64

Bodegas et bars à vin   66

Cuisine andalouse   68

Tapas   70

Visiter l'Andalousie

Séville   74

Provinces de Séville
et de Huelva   86

Provinces de Málaga
et de Cadix   94

Provinces de Grenade
et d'Almería   108

Provinces de Cordoue
et de Jaén   118

Mode d'emploi

Informations pratiques   126

Hébergement   138

Index   148

Gauche **Mezquita, Cordoue** Droite **Pueblo blanco de la province de Cadix**

Légende des abréviations
EP *entrée payante* **EG** *entrée gratuite*

3

ANDALOUSIE
TOP 10

À ne pas manquer
6-7

Grenade maure
8-13

Séville : la cathédrale
et la Giralda
14-15

Séville : les Reales
Alcázares
16-17

Cordoue
18-21

Cadix
22-23

Ronda
24-25

Costa del Sol
26-27

Baeza et Úbeda
28-29

Parque Nacional
del Coto Doñana
30-31

Sierra Nevada
32-33

L'Andalousie
thème par thème
34-71

ANDALOUSIE TOP 10

ᴛᴏᴾ10 À ne pas manquer

Région jouissant d'une large autonomie politique, l'Andalousie possède une population d'environ 7 millions d'habitants. Terre natale de la corrida, elle réunit pratiquement tous les caractères considérés comme typiquement espagnols : gitans, flamenco, villages blancs isolés, sierras écrasées de soleil et tourisme balnéaire de masse. Si vous ne vous contentez pas de profiter de ses plages, vous y vivrez des expériences colorées et intenses.

Grenade maure 1

D'un grand raffinement, l'héritage architectural laissé par les derniers souverains musulmans d'al-Andalus donne à Grenade une atmosphère romantique où se fondent Orient et Occident *(p. 8-13)*.

2 Séville : cathédrale et Giralda

Le clocher de l'une des plus grandes églises du monde, symbole du triomphe des conquérants chrétiens au moment de sa construction, est un ancien minaret *(p. 14-15)*.

3 Séville : Reales Alcázares

Construits, pour la majeure partie, par des artisans maures au service de souverains chrétiens, les palais de l'Alcázar et leurs jardins présentent un mélange de styles d'une grande séduction *(p. 16-17)*.

Cordoue et la Mezquita 4

De l'époque où aucune ville d'Europe de l'Ouest n'égalait Cordoue sur le plan culturel subsiste un chef-d'œuvre architectural : la Grande Mosquée *(p. 18-21)*.

5 Cadix

Le quartier ancien de cette ville portuaire occupe une presqu'île où les tours et la coupole de sa cathédrale évoquent les superstructures d'un navire *(p. 22-23)*.

Carte de l'Andalousie avec les lieux : Guadix, Peñarroya-Pueblonuevo, Espiel, CÓRDOBA, Aroche, Jabugo, Aracena, Cazalla de la Sierra, Córdoba, Cabezas Rubias, Minas de Riotinto, Lora del Río, Guadalquivir, Écija, HUELVA, Mor..., Gibraleón, Sevilla 2 3, SEVILLA, Ayamonte, Almonte, Alcalá de Guadaira, Estepa, Punta Umbría, Huelva, Dos Hermanas, Utrera, Osuna, Almería, El Rocío, Océan Atlantique, Parque Nacional del Coto Doñana 9, Algodonales, MÁ..., Jerez de la Frontera, Arcos de la Frontera, 6 Ronda, Rota, CÁDIZ, Cádiz 5, Puerto Real, Alcalá de los Gazules, Marbella, San Fernando, Costa de la Luz, Los Barrios, Estepona, Vejer de la Frontera, La Línea de la Concepción, Algeciras, Gibraltar

Abréviations : C *Climatisation* **PC** *Pas de climatisation*

Ronda
6 Un ravin vertigineux isole le quartier ancien du plus important des villages blancs *(pueblos blancos)* d'un massif montagneux dont les bandits fascinèrent les auteurs romantiques au xixe s. Ronda est aussi le lieu de naissance de la célèbre corrida *(p. 24-25)*.

Costa del Sol
7 Du luxe de la marina de Marbella jusqu'aux hôtels spécialisés dans les groupes et familles en forfait tout compris, la côte du Soleil permet toutes les formes de tourisme balnéaire *(p. 26-27)*.

Baeza et Úbeda
8 Dans la province de Jaén, ces deux petites villes proches possèdent des centres historiques riches en édifices Renaissance *(p. 28-29)*.

(Map of Andalucía showing: La Carolina, Puente de Génave, eña, Andújar, Linares, JAÉN, ontoro, Baeza 8, 8 Úbeda, Puebla de Don Fadrique, Huéscar, Jaén, Jódar, Guadajoz, Pozo Alcón, Cúllar, Chirivel, audete, Alcalá la Real, GRANADA, Baza, Huércal-Overa, ña, Guadix, ALMERÍA, Loja, 1 Granada, Alhama de Granada, 10 Sierra Nevada, Abla, Sorbas, Dúrcal, Carboneras, juera, Vélez-Málaga, Motril, Almería, álaga, Nerja, El Ejido, remolinos, a del Sol, Mer Méditerranée)

0 ⊢ km ⊣ 60

Sierra Nevada
10 Le majestueux massif montagneux qui s'élève entre Grenade et la côte méditerranéenne renferme la station de ski la plus méridionale d'Europe et des kilomètres de sentiers de randonnée. Sur son flanc sud, les villages des Alpujarras ont conservé des traditions et une architecture qui leurs sont propres *(p. 32-33)*.

Parque Nacional del Coto Doñana
9 Les marécages du Guadalquivir constituent une étape essentielle pour beaucoup d'oiseaux migrateurs passant l'été en Europe. Seules des visites guidées en véhicule tout-terrain permettent de découvrir les fragiles écosystèmes protégés par un parc national *(p. 30-31)*.

Grenade maure : Alhambra

La forteresse arabe du Moyen Âge qui a le mieux traversé les siècles est aussi le monument le plus populaire d'Espagne, avec près de deux millions de visiteurs chaque année. Elle domine Grenade depuis la colline d'al-Sabika et a pour origine le « château rouge », qa'lat al-Hamra', édifié au XIe s. par les rois Zirides. La dynastie des Nasrides, qui régna de 1238 à la reconquête chrétienne en 1492, le transforma en une somptueuse cité princière aérée de patios et de plans d'eau. En 1526, Charles Quint fit édifier un palais Renaissance à côté des bâtiments arabes, réputés pour le raffinement de leur décor de stuc. Il abrite aujourd'hui deux musées.

Vue de l'Alhambra

💬 Vous pourrez acheter à manger et à boire sur place, mais vous apprécierez d'avoir en permanence une bouteille d'eau.

🕐 Le nombre de visiteurs est limité. Vous éviterez les queues en réservant votre billet par l'intermédiaire de votre hôtel, par téléphone (34 913 46 59 36) ou par l'Internet : www.alhambratickets.com

- Plan S2
- ouv. mars.-oct. : t.l.j. 8h30-20h et mar.-sam. 22h-23h30 ; nov.-fév. : t.l.j. 8h30-18h et ven., sam. 20h-21h30
- EP 8 €
- Museo de la Alhambra : mar.-sam. 9h-14h30 ; EG
- Museo de Bellas Artes : mar. 14h30-18h, mer.-sam. 9h-18h, dim. 9h-14h (jusqu'à 20h en oct.-mars) ; EP 1,5 €

À ne pas manquer

1. Puerta de la Justicia
2. Puerta del Vino
3. Plaza de los Aljibes
4. Alcazaba
5. Palacio de Carlos V
6. Palacios Nazaríes
7. Palacio de Mexuar
8. Palacio de Comares
9. Palacio de los Leones
10. Partal

1 Puerta de la Justicia
En arc en fer à cheval, l'actuelle entrée principale *(ci-dessus)* date de 1348. La chicane destinée à retarder d'éventuels assaillants rappelle qu'elle avait un caractère défensif.

2 Puerta del Vino
Percée dans la deuxième enceinte, à l'entrée de l'ancien marché, cette porte doit son nom au vin que les visiteurs y déposaient au XVIe s.

3 Plaza de los Aljibes
Baptisée d'après de vastes citernes *(aljibes)* bâties en 1494, la place offre depuis les remparts *(ci-dessous)* un superbe panorama de Grenade.

4 Alcazaba
Partie la plus ancienne de l'Alhambra, cette forteresse en ruine donne vue de la sierra Nevada depuis la torre de la Vela.

Chaque billet accorde un droit d'entrée pendant une période précise d'une demi-heure. Elle ne peut être modifiée.

5 Palacio de Carlos V

Chef-d'œuvre de Pedro Machuca, un élève de Michel-Ange, l'imposant palais Renaissance édifié au XVIᵉ s. pour Charles Quint abrite la belle collection d'art nasride du museo de la Alhambra et les peintures et sculptures chrétiennes du museo de Bellas Artes.

Plan de l'Alhambra

Generalife

6 Palacios Nazaríes

Pour ne pas rivaliser avec les créations d'Allah, les Nasrides utilisèrent des matériaux simples, brique, stuc et bois, pour élever leurs palais.

9 Palacio de los Leones

Les bâtiments du harem *(ci-dessous)*, réservé à l'émir et sa famille, datent de la fin du XIVᵉ s. Ils s'organisent autour du patio de los Leones bordé de galeries et orné en son centre d'une fontaine au bassin supporté par 12 lions représentant les 12 signes du zodiaque.

7 Palacio de Mexuar

Le moins bien conservé des trois palais *(ci-dessous)* arabes de l'Alhambra remonte à 1365. Destiné aux affaires administratives et judiciaires, il a connu de nombreux remaniements. Il fut notamment transformé en chapelle à l'occasion d'une visite de Philippe II (1527-1598).

8 Palacio de Comares

Construite au millieu du XIVᵉ s., cette partie de l'enceinte formait le *serallo* où l'émir recevait les dignitaires étrangers. Elle abrite le salon de Embajadores (salon des Ambassadeurs) au décor typique de l'art nasride avec les caissons à entrelacs de sa coupole en cèdre. Il donne sur le patio de Arrayanes *(ci-dessus)*, la cour des Myrtes où les reflets du grand bassin central ajoutent à la magie créée par les arabesques des portiques, souvent des inscriptions à la louange d'Allah ou des émirs.

10 Partal

Agrémentés de plans d'eau, les jardins du Partal, aménagés sur des terrasses où s'élevaient jadis des demeures princières, s'étendent jusqu'à la tour des Dames dont le gracieux portique se reflète dans un bassin *(ci-dessous)*. Ils conduisent au Generalife, l'ancien palais d'été *(p. 10-11)*.

Gauche **Jardines Altos** Droite **Teatro**

Grenade maure : Generalife

1 Les tours

Le sentier qui mène du Partal *(p. 9)* au Generalife longe un rempart au chemin de ronde jalonné de tours arabes restaurées. La torre de los Picos, la torre del Cadí, la torre de la Cautiva, la torre de las Infantas, la torre del Cabo de la Carrera et la torre del Agua ménagent toutes de beaux panoramas. La torre de la Cautiva (tour la Captive) et la torre de las Infantas (tour des Infantes) servirent de lieu de résidence et ont conservé des pièces richement ornementées.

Plan du Generalife

2 Colline du Soleil

Une passerelle encadrée par deux tours mène à la colline qui domine l'Alhambra. Un vaste jardin y abritait la résidence de loisir des émirs de Grenade. Il n'en subsiste que quelques sobres bâtiments.

3 Nom du jardin

Selon l'opinion la plus répandue, le mot « generalife » dérive de l'arabe *djinat al-Arif*, qu'on peut traduire par « le jardin de l'architecte » (en référence à Allah), ou simplement « le meilleur jardin » ou « le haut jardin ». Pour alimenter les bassins de ce sanctuaire verdoyant, il fallut détourner le Darro de 18 km.

4 Teatro

Première construction que les visiteurs découvrent en grimpant la colline, l'amphithéâtre niché dans un creux accueille, devant un rideau de cyprès, des concerts et des spectacles de danse dans le cadre d'un festival annuel.

5 Jardines Nuevos

Les « jardins neufs », aussi appelés « jardins inférieurs », évoquent davantage la tradition italienne qu'arabe. Mais le murmure de l'eau courante et les parfums dégagés en été leur

Torre de los Picos

Le billet d'entrée à l'Alhambra donne accès au Generalife qui a les mêmes heures de visite.

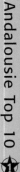

Jardines Nuevos

confèrent une atmosphère en accord avec l'ambition musulmane de recréer sur terre une image du paradis. Ce dernier est décrit dans le Coran comme une oasis de paix et de félicité.

6 Jardines Altos
À l'entrée des « jardins supérieurs » s'ouvre le patio de Polo, où les visiteurs laissaient leurs chevaux pour monter à pied, par des allées ombragées, jusqu'aux pavillons de plaisance des émirs de Grenade.

7 Patio de la Acequia
La cour du Canal abrite en son centre un long bassin agrémenté de jets d'eau. L'élégante Sala Regia s'élève à son extrémité nord. Sa tour-mirador décorée d'entrelacs offre une vue splendide de l'Alhambra et du quartier de l'Albaicín.

8 Patio de los Cipreses
La cour des Cyprès au bassin central entouré de haies de myrte porte aussi le nom de patio de la Sultane car, selon la légende, Zoraya, épouse de Boabdil (p. 35), y retrouvait en secret, sous un cyprès

aujourd'hui vieux de sept siècles, un membre du clan des Abencerrajes. Quand il apprit l'infidélité, l'émir fit massacrer tous les chevaliers de la tribu.

9 Escalera del Agua
Également baptisé camino de las Cascadas, le célèbre « escalier d'eau » possède trois paliers où coule une fontaine alimentée par le canal qui court sur sa rampe. Il est particulièrement beau et parfumé au printemps quand fleurit la glycine.

10 Sortir des jardins
Lauriers-roses et cyprès bordent respectivement le paseo de las Adelfas et le paseo de los Cipreses qui mènent hors du Generalife. De retour sur la colline du Soleil, prenez la cuesta del Rey Chico pour descendre vers l'Albaicín (p. 12-13).

Histoire de l'Alhambra

La forteresse de l'Alcazaba apparaît dans les annales dès le IXe s., mais le site ne devint résidence royale qu'après la prise de Grenade en 1238 par le fondateur de la dynastie des Nasrides, Mohammed Ier. Ses successeurs, à la tête d'un État de plus en plus menacé par la reconquête chrétienne, ne cesseront d'agrandir et d'embellir la cité princière jusqu'à la chute de Grenade devant les troupes des Rois Catholiques, Ferdinand d'Aragon et Isabelle de Castille, en 1492. Les édifices arabes, auprès desquels Charles Quint fit bâtir un palais, tombèrent à l'abandon vers 1700, puis furent en partie détruits par Napoléon. Leur restauration, toujours en cours, a commencé au XIXe s. après le succès mondial rencontré par le superbe récit de voyage de l'auteur américain Washington Irving intitulé Contes de l'Alhambra (p. 57).

Gauche **Real Chancillería** Droite **Baños Arabes**

Grenade maure : Albaicín

1 Real Chancillería
Construite peu après la Reconquista dans le cadre de la christianisation de la ville, la chancellerie royale attribuée au maître de la Renaissance Diego de Siloé date de 1530. ✪ Plan Q2

2 Iglesia de Santa Ana
L'église Sainte-Anne, de style Renaissance, se dresse au bout de la plaza Nueva à l'emplacement d'une mosquée. Derrière un sobre portail platéresque, sa chapelle principale possède un plafond à caissons de tradition maure. Le clocher était à l'origine un minaret. ✪ Plan R2

3 Baños Arabes
Les bains arabes les mieux conservés d'Espagne remontent au XIe s. Ils comportent plusieurs salles voûtées. Des ouvertures en forme d'étoile éclairent la plus grande. ✪ Carrera del Darro 31 • plan R2 • t.l.j. 10h-24h • EP

4 Casa de Castril
Ce palais Renaissance, bâti pour le secrétaire de Ferdinand et Isabelle, possède un portail platéresque de 1539. Il abrite depuis 1879 le Musée archéologique et ethnologique de Grenade. Sa collection illustre le passé de la région depuis le

Plan de l'Albaicín

Paléolithique jusqu'à la Reconquête en 1492. Elle est particulièrement riche en objets de la période arabe et compte parmi ses plus belles pièces des céramiques peintes et un astrolabe qui servait déjà à observer la hauteur relative des astres au XIVe s. ✪ Carrera del Darro 43 • plan H2 • mar. 15h-20h, mer.-sam. 9h-20h, dim. 9h-14h • EP

5 Iglesia de San Pedro y San Pablo
L'église en face de la casa de Castril date également du XVIe s. Elle occupe un site privilégié, au bord de la rivière et au pied de l'Alhambra. ✪ Plan R2

6 Paseo de los Tristes
Le long del río Darro, des bars et des restaurants créent aujourd'hui l'animation sur une esplanade assez large pour avoir jadis servi de cadre à des tournois et à des processions. ✪ Plan S2

Casa de Castril

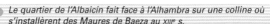

Le quartier de l'Albaicín fait face à l'Alhambra sur une colline où s'installèrent des Maures de Baeza au XIIIe s.

Vue depuis le mirador de San Nicolás

7 Plaza Larga

Depuis le paseo de los Tristes, suivez la calle Panaderos pour atteindre cette place de marché bordée de restaurants abordables et de bars. Elle conserve une porte datant de la période musulmane de Grenade, l'arco de las Pesas, un vestige des anciennes fortifications à la chicane caractéristique. Derrière la porte se trouve la plaza San Nicolás, la place du quartier de l'Albaicín la plus populaire auprès des visiteurs. ✪ *Plan R1*

8 Mirador de San Nicolás

La terrasse de l'iglesia de San Nicolás, construite au XVIᵉ s., offre le panorama le plus célèbre, et le plus photographié, de l'Alhambra, du Generalife et de la sierra Nevada. Le spectacle est particulièrement remarquable au coucher du soleil, en hiver, quand les bâtiments prennent une teinte ocre, tandis qu'au loin les sommets enneigés des montagnes brillent d'une lueur rosée. ✪ *Plan R1*

9 Salons de thé arabes

Particulièrement nombreux dans la calderería Nueva, les salons de thé/café de tradition arabe appelés *teterías* ont gardé leur authenticité et évoquent le Maroc. Le plus agréable est peut-être La Tetería del Bañuelo *(p. 116)*. Ses deux pièces ouvrent sur un jardin, et vous pourrez y boire un thé vert en mangeant des pâtisseries au miel, ou en fumant un narguilé, devant un panorama hors du temps.

10 Boutiques marocaines

Les rues pentues partant de la calle Elvira, en particulier la calderería Vieja et la calderería Nueva, renferment des commerces typiquement nord-africains. Avec leurs marchandises débordant sur les trottoirs, ils donnent l'impression de se trouver de l'autre côté du détroit de Gibraltar *(p. 114)*.

Le Sacromonte et ses grottes

À la sortie de l'Albaicín, au nord, le camino del Sacromonte rejoint la colline du même nom. Elle est percée de quelque 3 500 grottes qui servirent de refuge et d'habitation à des gitans *(p. 59)* ; 80 % sont encore occupées. Pendant plus de six siècles, la communauté entretint dans ce quartier une atmosphère qui y attira de nombreux étrangers. Ils venaient dans l'espoir d'assister à des célébrations culturelles comme les *zambras*, typiques de Grenade et aujourd'hui proposées comme des spectacles dans les clubs de flamenco. Ceux-ci se sont souvent installés dans des grottes.

Sacromonte

Pour des démonstrations de flamenco, contactez le Centro de Interpretación del Sacromonte (958 21 51 20, www.cisacromonte.com).

^{TOP}10 Séville : la cathédrale et la Giralda

En 1248, les troupes chrétiennes qui reprirent Séville au terme de près de 500 ans de domination musulmane ne se livrèrent pas à une mise à sac, mais menacèrent au contraire les habitants d'un massacre s'ils endommageaient les splendides monuments de la ville. Les conquérants dédièrent à la Vierge la Grande Mosquée érigée par les Almohades et en firent, pendant 150 ans, leur principal lieu de culte. En 1401, le chapitre décida toutefois de la démolir pour élever une immense cathédrale sur ses fondations. La construction du sanctuaire, principalement de style gothique, dura un peu plus d'un siècle. L'ancien minaret devint son clocher.

Entrée principale

🍴 Vous trouverez d'excellentes *tapas* au Bar España *(p. 85)*, à quelques pas de la cathédrale.

🚶 Une large rampe prévue pour être prise à cheval rend l'ascension de la Giralda relativement aisée, et une vue exceptionnelle récompense de l'effort.

• Plaza Virgen de los Reyes
• plan M4
• 954 21 49 71
• ouv. lun.-sam. 11h-17h, dim. 14h30-18h
• Offices lun.-sam. 8h30, 9h, 10h, 12h, 17h, dim. 11h, 12h, 13h
• EP 6 € (EG dim.)

À ne pas manquer

1. Ampleur
2. Puerta del Perdón
3. Patio de los Naranjos
4. Biblioteca Colombina
5. Intérieur
6. Capilla Mayor
7. Sacristía de los Cálices
8. Sacristía Mayor
9. Sala Capitular
10. La Giralda

1 Ampleur

En volume, la cathédrale de Séville *(à droite)* est la plus grande église du monde et un livre des records Guinness, qui est mis en évidence, ne laisse planer aucun doute sur la question. Elle mesure 126 m de long par 83 m de large, et la nef s'élève à une hauteur de 43 m. La Giralda en offre le meilleur point de vue.

2 Puerta del Perdón

Une partie de la mosquée a survécu. Son entrée principale, la porte du Pardon, est percée dans un mur crénelé. Sculptés de 880 inscriptions, l'arc et les battants constituent un chef-d'œuvre de l'art almohade. Parmi des éléments de décor Renaissance, un bas-relief, côté cour, a pour thème *Les Marchands chassés du Temple*.

3 Patio de los Naranjos

La cour des Orangers *(ci-dessous)* servait à l'origine aux ablutions rituelles exigées des fidèles musulmans avant la prière.

Autres lieux de culte p. 40-41

Biblioteca Colombina 4

La bibliothèque Colombine *(à droite)* doit sa création au legs de plus de 20 000 volumes effectué en 1539 par le fils de Christophe Colomb *(p. 34)*. Elle possède de nombreuses lettres et notes écrites par l'explorateur qui découvrit le Nouveau Monde en 1492.

Intérieur 5

Les voussures gothiques montent si haut que la légende attribue au bâtiment son propre microclimat.

Capilla Mayor 6

Le plus grand retable du monde domine le maître-autel *(ci-dessous)*. 45 tableaux en bois sculpté, comptant près de 1 000 personnages, illustrent des scènes de la vie du Christ, de la Vierge et de saints.

Sacristía de los Cálices 7

La sacristie des Calices renferme une partie du trésor de la cathédrale, dont un tableau de Goya, *Les Saintes Juste et Rufine,* et des peintures par Murillo, Zurbarán et Jordaens. L'antichambre abrite le Tenebrario, un candélabre de près de 8 m, porté en procession lors de la Semaine sainte.

Sacristía Mayor 8

La Grande Sacristie *(à gauche)* dominée par une coupole du XVIᵉ s. abrite un ostensoir Renaissance en argent de plusieurs centaines de kilos et de plus de 3 m de haut, exécuté entre 1580 et 1588 par Juan de Arfe.

Plan de la cathédrale

Sala Capitular 9

Une *Immaculée Conception* par Murillo décore la grande salle capitulaire Renaissance pavée de marbre.

La Giralda 10

Symbole de Séville, cette haute tour *(ci-dessus)*, élevée entre 1172 et 1195, doit son nom de « girouette » à la statue qui tourne avec le vent à son sommet.

Festivités de la Semana Santa

Nulle part en Andalousie, les célébrations de la Semaine sainte *(p. 60)* ne prennent autant d'ampleur qu'à Séville. 57 confréries *(cofradías)* défilent en portant les *pasos*, des plates-formes où des effigies grandeur nature de la Vierge et du Christ illustrent des scènes de la Passion. Les processions de nuit se font à la lueur de milliers de cierges.

🔟 Séville : les Reales Alcázares

Le vaste complexe palatial couramment appelé Alcázar juxtapose des éléments construits au cours de plusieurs siècles. Les plus anciens, des fragments de remparts, remontent à 913 et au règne du calife de Cordoue Abd al-Rahman III. Ils s'élèvent très probablement sur les vestiges d'une caserne romaine. Des rois chrétiens édifièrent la majeure partie des bâtiments visibles aujourd'hui. Au XIVe s., Pierre Ier le Cruel fit appel à des artisans maures venus de Grenade pour la construction de son palais - celui-ci offre d'ailleurs un superbe exemple d'architecture mudéjare. Un tremblement de terre entraîna d'importantes modifications au XVIIIe s.

Vue des Reales Alcázares

⏱ Seul un nombre limité de visiteurs peut entrer à l'Alcázar chaque demi-heure, et mieux vaut éviter les jours et les heures d'affluence.

- *Patio de Banderas*
- *plan M4*
- *954 50 23 23*
- *www.patronato-alcazarsevilla.es*
- *ouv. avr.-sept. : mar.-sam. 9h30-19h, dim. 9h30-17h ; oct.-mars : mar.-sam. 9h30-17h, dim. 9h30-13h30.*
- *EP 5 € (8 € avec le palacio de Carlos V)*

À ne pas manquer

1. Puerta del León
2. Sala de Justicia
3. Patio del Yeso
4. Patio de la Montería
5. Casa de la Contratación
6. Patio de las Doncellas
7. Salón de Embajadores
8. Patio de las Muñecas
9. Palacio de Carlos V
10. Jardins

1 Puerta del León
La porte donnant accès à la première cour *(ci-dessus)* ouvre dans un mur almohade. Derrière, notez les inscriptions gothiques et arabes sur la façade en face.

2 Sala de Justicia
Commandée par Alphonse XI de Castille vers 1330, et exécutée par des artisans grenadins, cette partie du complexe est d'un style mudéjar très pur. La salle de la Justice possède un plafond à caissons en étoile et des stucs d'une grande sophistication.

3 Patio del Yeso
Un jardin ombragé parcouru de canaux met en valeur les stucs délicatement ouvragés des arcades dentelées *(ci-dessous)* de la cour du Plâtre, l'un des rares vestiges, très restauré, du palais arabe du XIIe s.

➡ *Autres châteaux et palais en Andalousie p. 38-39*

4 Patio de la Montería

Le décor mudéjar de la cour de la Chasse (XIVe s.) offre une parfaite synthèse de deux traditions culturelles.

5 Casa de la Contratación

Ferdinand et Isabelle reçurent dans ces salles les explorateurs du Nouveau Monde.

7 Salón de Embajadores

Le salon des Ambassadeurs est le joyau de l'Alcazar, avec ses azulejos tous différents et sa coupole à stalactites en bois doré *(ci-dessous)*, œuvre d'artisans de Tolède. Selon une inscription en arabe, ils l'achevèrent en 1380.

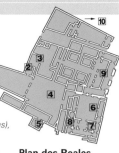

Plan des Reales Alcázares

9 Palacio de Carlos V

Le palais de Charles Quint Renaissance *(ci-dessus)* a pour origine un édifice gothique construit par Alphonse X au XIIIe s.

10 Jardins

Dans la plus pure tradition andalouse, les jardins en terrasses parcourus d'allées pavées intègrent avec raffinement des jets d'eau des bassins.

8 Patio de las Muñecas

La cour des Poupées *(ci-dessous)* entourée de galeries superposées formait le cœur de la partie du palais réservée à la famille du souverain.

6 Patio de las Doncellas

La cour des Demoiselles *(ci-dessus)*, dont le nom évoque les jeunes filles qui étaient jadis parfois offertes en présent aux émirs, abrite des azulejos (carreaux émaillés) particulièrement beaux.

Pierre Ier

Peu de rois espagnols ont eu une réputation aussi controversée que Pierre Ier de Castille (1350-1369) qui fut appelé à la fois le Cruel et le Justicier. Il ne chercha pas à cacher sa cohabitation avec sa maîtresse, María de Padilla, et commanda une grande partie de l'Alcázar que nous connaissons aujourd'hui pour y abriter leur liaison. Il périt lors de son renversement, avec le soutien de la France, par son demi-frère.

L'architecture mudéjare applique les techniques d'ornementation maures à une imagerie et à des thèmes chrétiens.

🔟 Cordoue

Le principal monument de Cordoue est la Mezquita. La Grande Mosquée, construite par les califes omeyades, est l'une des merveilles de l'architecture médiévale. Tout autour s'étend l'ancien ghetto juif, un quartier de venelles aux murs blanchis égayés par des fleurs. Le Musée archéologique retrace la longue histoire d'une cité fondée par les Carthaginois et où naquirent les philosophes Sénèque (4 av. J.-C.- 65 apr. J.-C.) et Averroès (1126-1198), le penseur musulman qui fit découvrir Aristote à l'Europe chrétienne. Le museo Taurino évoque une tradition plus récente : la tauromachie.

Palacio de los Marqueses de Viana

⭐ **Le puente Romano offre une vue magnifique au coucher du soleil.**

- *Plan D3*
- *Alcázar : campo Santo de los Mártires ; 957 42 01 51 ; ouv. avr.-juin et sept.-15 oct. : mar.-sam. 10h-14h et 17h30-19h30, dim. 9h-15h ; juil.-août : t.l.j. 8h30-14h30 ; EP 2 € (EG ven.)*
- *Palacio Episcopal : c/Torrijos 12 ; 957 49 60 85 ; ouv. juil-août : lun.-sam. 9h30-15h ; sept.-juin : lun.-sam. 9h30-13h30 et 16h-18h ; EP 1,5 €*
- *Museo de Bellas Artes : plaza del Potro 1 ; 957 47 33 45 ; ouv. mar.-dim. 9h-15h ; EP 1,5 €*
- *Museo Arqueológico : plaza Jerónimo Páez 7 ; 957 47 40 11 ; ouv. mar. 15h-20h, mer.-sam. 9h-20h, dim. 9h-15h ; EP 1,5 €*
- *Palacio de los Marqueses de Viana : plaza Don Gome 2 ; 957 49 67 41 ; ouv. lun.-sam. 9h-14h ; EP 6 €*
- *Museo Taurino : plaza Judíos ; 957 20 10 56 ; ouv. mar.-sam. 8h30-14h30 ; EP 3 €*

À ne pas manquer

1. Mezquita
2. Judería
3. Alcázar de los Reyes Cristianos
4. Palacio Episcopal
5. Museo de Bellas Artes
6. Plaza del Potro
7. Museo Arqueológico
8. Palacio de los Marqueses de Viana
9. Museo Taurino
10. Puente Romano

1 Mezquita
La troisième mosquée du monde par la taille conserve une grande force d'évocation (p. 20-21).

2 Judería
L'ancien quartier juif, dont les origines remontent à l'Empire romain, entoure la Mezquita et garde son caractère oriental avec ses ruelles animées et bordées de murs blanchis protégeant des patios fleuris. Il renferme la seule synagogue médiévale d'Andalousie, construite en 1315.

3 Alcázar de los Reyes Cristianos
Ce palais fortifié construit en 1328 devint le siège de l'Inquisition entre le XVIᵉ s. et 1820, puis une prison jusque dans les années 1950. Il possède de beaux jardins *(ci-dessus)*.

4 Palacio Episcopal
Élevé à l'emplacement de l'alcázar maure contre la Mezquita, le palais épiscopal *(ci-dessus)* prit son visage actuel en 1745. Il abrite l'office du tourisme.

5 Museo de Bellas Artes

L'ancien hôpital de la Charité bâti au début du XVIᵉ s. renferme aujourd'hui une collection de peintures et de dessins d'artistes espagnols du XIVᵉ au XXᵉ s. ; entre autres de Goya, de Ribera, de Murillo, de Zurbarán et de Valdés Leal.

8 Palacio de los Marqueses de Viana

Meubles d'époque *(ci-dessus)*, tapisseries et porcelaines décorent cette demeure princière des XIVᵉ-XVIIIᵉ s.

Plan de Cordoue

6 Plaza del Potro

Le marché au bétail se tenait jadis sur cette petite place agrémentée d'une fontaine du XVIᵉ s. *(ci-dessus)*.

7 Museo Arqueológico

Installé dans un palais Renaissance, il présente d'intéressants objets romains et islamiques. Le fleuron du musée est un cerf en bronze niellé du Xᵉ s. trouvé à Medina Azahara *(p.119)*.

9 Museo Taurino

Ce musée consacré à la corrida occupe une maison du XVIᵉ s. dotée d'un joli patio. Il expose des affiches, des trophées et des costumes et souvenirs de toréadors. Il abrite également la peau d'Islero, qui encorna Manolete en 1947, ainsi qu'une réplique du sarcophage du matador.

10 Puente Romano

Le pont romain *(ci-dessus)*, long de 240 m, qui franchit le Guadalquivir a conservé ses fondations antiques, mais fut reconstruit par les Maures. Au milieu se dresse une statue de l'archange Raphaël, objet d'un culte populaire car on lui attribue d'avoir sauvé la ville de la peste.

Tradition multiculturelle

Certains des plus beaux monuments de Cordoue doivent leur attrait au métissage d'apports islamiques, chrétiens et juifs. À son apogée, au Xᵉ s., sous la direction des califes omeyades réputés pour leur tolérance religieuse, la cité devint le pôle spirituel et scientifique du monde occidental *(p. 34)*. La Reconquista chrétienne, au début du XIIIᵉ s., provoqua la fuite des habitants musulmans, et le début d'un déclin dont Cordoue mettra des siècles à sortir.

Andalousie Top 10

19

🔟 Cordoue : la Mezquita

Bien qu'il soit consacré au culte catholique depuis près de neuf siècles, le plus célèbre monument de Cordoue reste indéniablement une mosquée, et l'un des chefs-d'œuvre architecturaux du monde musulman. Sa construction s'étendit sur un peu plus de deux siècles à partir de 785. Les chrétiens respectèrent pour l'essentiel le bâtiment jusqu'au règne de Charles Quint. Celui-ci autorisa, contre l'avis du maire de Cordoue, l'édification d'une cathédrale au cœur de la forêt de colonnes de la salle de prière. Les effets de perspective créés par les alignements de minces fûts de couleurs différentes continuent néanmoins de donner au visiteur une sensation d'espace infini.

Vue de la Mezquita

El Caballo Rojo *(c/Cardenal Herrero 28 • 957 47 53 75 • €)* situé juste en face de la puerta del Perdón, propose une cuisine aux influences maures appréciée des Cordouans. La terrasse du dernier étage donne vue de la mosquée.

Les derniers visiteurs sont admis une demi-heure avant la fermeture, mais il faut au moins une heure pour rendre justice au site.

- Calle Torrijos
- plan D3
- 957 47 05 12
- ouv. été : lun.-sam. 10h-19h, dim. 9h-10h45 et 14h-19h ; hiver : lun.-sam. 10h-17h30, dim. 9h-10h45 et 14h-17h30
- EP 6,5 €

À ne pas manquer

1. Le style califal
2. Puerta del Perdón
3. Patio de los Naranjos
4. Torre del Alminar
5. Intérieur
6. Colonnes remployées
7. Mihrab
8. Capilla de Villaviciosa et capilla Real
9. Cathédrale
10. Stalles du chœur

1 Le style califal
La Grande Mosquée, entreprise en 785 par Abd al-Rahman Ier, marque l'apparition du style architectural appelé « califal ». Il associe des éléments romans, gothiques, byzantins, syriens et perses.

2 Puerta del Perdón
De nombreuses portes donnaient à l'origine accès à la mosquée et en éclairaient l'intérieur. La porte du Pardon *(ci-dessus)*, élevée dans le style mudéjar en 1337, est aujourd'hui la seule ouverte au public.

3 Patio de los Naranjos
Dans la cour des Orangers *(ci-dessous)*, plusieurs fontaines permettaient aux fidèles de faire leurs ablutions avant la prière.

Torre del Alminar
4 Une tour baroque d'une hauteur de 93 m *(ci-dessus)* a été bâtie au XVIIᵉ s. autour du minaret érigé en 957.

Colonnes remployées
6 La plupart des colonnes utilisées pour supporter la toiture de la salle de prière provenaient d'édifices romains et wisigothiques et avaient des longueurs variées : certaines durent être en partie enterrées. Une innovation, le double étage d'arcs, permit de surélever les plafonds sculptés. Les travées ont une hauteur de 11 m.

Mihrab
7 D'une dimension exceptionnelle, la niche indiquant la direction de La Mecque *(à gauche)* date du Xᵉ s. L'empereur byzantin Nicéphore III envoya des artisans de Constantinople réaliser ses mosaïques. La chambre octogonale abritait un exemplaire précieux du Coran dont les fidèles devaient faire sept fois le tour à genoux.

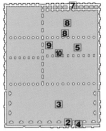

Plan de la Mezquita

Cathédrale
9 Il fallut, en 1523, vider le cœur de la mosquée d'une soixantaine de ses 1 013 colonnes, et en emmurer d'autres.

Stalles du chœur
10 Le sculpteur Pedre Duque Cornejo orna en 1758 de scènes bibliques ces stalles baroques en acajou *(ci-dessus)*.

Un lieu de culte
La Mezquita conserve des colonnes ayant appartenu au temple élevé au dieu Janus par les Romains sur le site qu'elle occupe. Transformé en une église dédiée à saint Vincent par les Wisigoths, le sanctuaire resta un temps partagé par les communautés chrétienne et musulmane après la conquête arabe. Le calife Abd al-Rahman Iᵉʳ l'acheta, et le rasa, pour édifier sur le site, à partir de 785, la Grande Mosquée.

Intérieur
5 Rang après rang de svelte colonnes (encore 856 aujourd'hui) supportant deux étages d'arcs dont la courbure évoque des palmes donnent l'impression de marcher dans une forêt de pierre. L'espace est organisé différemment de celui des églises chrétiennes, un tribunal centré sur le fauteuil où domine le juge, selon le plan des premières basiliques romaines.

Capilla de Villaviciosa et capilla Real
8 Heureuse addition chrétienne, la chapelle de Villaviciosa *(ci-dessus)* date de 1377 et abrite d'exubérants arcs polylobés. À côté, la chapelle Royale possède une superbe décoration mudéjare de stucs et d'azulejos.

Andalousie Top 10

Un escalier mène au sommet de la torre del Alminar, d'où s'ouvre une vue à couper le souffle de la ville.

TOP 10 Cadix

Cité fortifiée cernée de trois côtés par la mer, Cadix compte parmi les trésors de l'Andalousie négligés par les visiteurs. Elle peut prétendre au titre de plus vieille ville d'Europe car, selon la légende, elle tire ses origines d'une colonie du nom de Gadir (forteresse) fondée par des Phéniciens en 1104 av. J.-C. Elle devint Gades (ses habitants s'appellent toujours les Gaditans) sous l'autorité des Romains, et Jules César y occupa sa première fonction publique. Son développement, après la découverte du Nouveau Monde, lui valut d'être presque totalement détruite lors d'un raid anglo-hollandais en 1596. Le quartier ancien a conservé presque intact le visage qu'il prit au XVIIIe s.

Barrio del Pópulo

🍽 **El Faro** *(p. 107)* sert d'excellents plats de poisson.

⏱ **Il faut réserver un an à l'avance son hébergement pendant le carnaval.**

- Plan B5
- Torre Tavira : c/Marqués del Real Tesoro 10 ; 956 21 29 10 ; ouv. mi-juin-mi-sept. : t.l.j. 10h-20h ; mi-sept.-mi-juin : t.l.j. 10h-18h ; EP 3,5 €
- Hospital de Mujeres : c/Hospital de Mujeres ; 956 22 36 47 ; ouv. lun.-sam. 10h-13h30 ; EP 0,8 €
- Museo de las Cortes de Cádiz : c/Santa Inés 9 ; 956 22 17 88 ; ouv. lun.-ven. 9h-13h et 17h-19h ; sam.-dim. 9h-13h ; EG
- Museo de Cádiz : plaza Mina ; 956 21 22 81 ; ouv. mar. 14h30-20h, mer.-sam. 9h-20h, dim. 9h30-14h30 ; EP 1,5 €

À ne pas manquer

1. Barrio del Pópulo
2. Plaza San Juan de Dios
3. Catedral Nueva
4. Iglesia de Santa Cruz et teatro Romano
5. Plaza de la Flores
6. Torre Tavira
7. Hospital de Mujeres
8. Museo de las Cortes de Cádiz
9. Oratorio de la Santa Cueva
10. Museo de Cádiz

1 Barrio del Pópulo

Le cœur médiéval de la cité a conservé trois portes du XIIIe s. Des vestiges des fortifications du XVIIIe s. séparent toujours les quartiers modernes de la vieille ville, dont la puerta Tierra *(ci-dessus)* constitue le principal point d'entrée.

2 Plaza San Juan de Dios

En bordure du barrio del Pópulo, cette place aménagée en face du port au XVIe s. *(à droite)* est l'un des grands pôles de la vie sociale.

3 Catedral Nueva

Le front de mer offre le meilleur point de vue de la « nouvelle cathédrale » *(ci-dessus)*, de styles baroque et néo-classique, commencée en 1722.

4 Iglesia de Santa Cruz et teatro Romano

Le barrio del Pópulo renferme une église fondée en 1260 et les ruines d'un théâtre romain.

Plaza de las Flores
5 Cette place de marché animée *(ci-dessus)* porte aussi le nom de plaza de Topete, d'après le tophet (sanctuaire phénicien) qui occupait jadis le site.

Plan de Cadix

Museo de Cádiz
10 Les points forts du musée sont ses collections d'art baroque *(ci-dessus)* et de pièces archéologiques. Elles comprennent des œuvres de Zurbarán et de Murillo, ainsi que deux sarcophages phéniciens du Ve s. av. J.-C. et des objets trouvés dans des épaves romaines.

Torre Tavira
6 La plus haute tour de la ville *(ci-dessous)* mesure 46 m et offre un large panorama.

Hospital
7 **de Mujeres**
Cet hôpital baroque mérite surtout une visite pour sa chapelle décorée d'un *Saint François en extase* par le Greco.

Museo de las
8 **Cortes de Cádiz**
Au musée des Cortes, une grande peinture murale rappelle que c'est à Cadix, en 1812, que fut rédigée la première constitution libérale d'Espagne. Abolie deux ans plus tard, elle restera une source d'inspiration jusqu'à l'instauration de la Ire République en 1873.

Oratorio de la
9 **Santa Cueva**
Dans cette chapelle de plan elliptique à la coupole reposant sur des colonnes ioniques, trois fresques de Goya représentent des épisodes miraculeux de la vie du Christ.

Los Carnavales

Carnaval donne lieu dans la ville portuaire de Cadix aux célébrations considérées comme les plus excitantes d'Espagne *(p. 60)*. Elles commencent par des concours de chants et de danse et durent une dizaine de jours. Les traditions de la fête remontent au XVe s., époque où la cité possédait une importante enclave génoise, mais elles auraient subi une forte influence cubaine. Les *Gaditanos* aiment tant leur carnaval qu'il fut le seul que Franco ne réussit pas à interdire.

Dans la torre Tavira, la première chambre noire d'Espagne projette une image panoramique de la ville sur un écran parabolique.

⁰¹⁰ Ronda

Le plus célèbre des pueblos blancos, les « villages blancs » de la région montagneuse entre Málaga, Algésiras et Séville (p. 96), occupe un site spectaculaire au bord d'une falaise vertigineuse. Bien qu'il ne se trouve qu'à une demi-heure de voiture de la Costa del Sol et reçoive jusqu'à 75 000 visiteurs par jour, il a su préserver une identité forte : unique localité d'importance du massif de la serranía de Ronda, il resta maure jusqu'en 1485, et cette présence tardive demeure sensible dans le quartier ancien, la Ciudad, encore plus agréable à découvrir le soir après le départ de la foule.

Puente Nuevo

• Plan D5
• Casa del Rey Moro :
c/Santo Domingo 9 ;
952 18 72 00 ; ouv. t.l.j.
10h-20h (jusqu'à 19h en
nov.-fév.) ; EP 4 €
• Palacio del Marqués
de Salvatierra :
c/Marqués de
Salvatierra ; fer. au
public
• Baños Árabes : barrio
de Padre Jesús ; 952 87
38 89 ; ouv. mar. 9h30-
13h30 et 16h-18h, mer.-
sam. 9h30-15h30 ;
EP2€
• Museo del Bandolero :
c/Armiñán 65 ; 952 87
77 85 ; ouv. t.l.j. 10h-
coucher du soleil ;
EP 2,7 €
• Iglesia de Santa María
la Mayor : plaza
Duquesa de Parcent ;
952 87 86 53 ; ouv. t.l.j.
10h-20h (jusqu'à 18h en
nov.-mars) ; EP 2 €
• Palacio de
Mondragón : plaza de
Mondragón ; 952 87 84
50 ; ouv. lun.-ven. 10h-
19h (jusqu'à 18h en
nov.-fév.), sam.-dim 13h-
15h ; EP 2 €

À ne pas manquer

1 Tajo et puente Nuevo
2 Casa del Rey Moro
3 Palacio del Marqués de Salvatierra
4 Puente Viejo et puente de San Miguel
5 Baños Árabes
6 Minarete de San Sebastián
7 Museo del Bandolero
8 Iglesia de Santa María la Mayor
9 Palacio de Mondragón
10 Plaza de Toros

1 Tajo et puente Nuevo

Ronda s'étend sur une plate-forme rocheuse entaillée par un ravin de 160 m de profondeur, le Tajo. Le « pont neuf » du XVIIIᵉ s. l'enjambe pour relier la vieille ville, la Ciudad, au quartier du Mercadillo.

2 Casa del Rey Moro

Bâtie sur les fondations d'un palais maure, la demeure *(ci-dessous)* date du XVIIIᵉ s. Le jardin ménage une vue superbe.

3 Palacio del Marqués de Salvatierra

Quatre cariatides représentant des Indiens

d'Amérique *(à gauche)* ornent la façade de ce palais du XVIIIᵉ s., à l'élégant portail Renaissance sculpté de motifs coloniaux.

4 Puente Viejo et puente de San Miguel

Le « vieux pont » (1616) serait la reconstruction d'un ouvrage d'art romain, à moins qu'il n'ait des origines maures comme le puente de San Miguel. Tous deux franchissent le río Guadalevín en amont de Ronda.

Les routes venant d'Algeciras et de San Pedro de Alcántara offrent les meilleurs points de vue de la ville.

5 Baños Árabes
Les anciens bains arabes construits au XIIIᵉ s., ou au début du XIVᵉ s., possèdent les habituelles salles voûtées percées d'ouvertures en étoile, mais aussi un élément architectural tout à fait original : des colonnes octogonales en brique supportant des arcs en fer à cheval.

8 Iglesia de Santa María la Mayor
Cette église incorpore les vestiges d'une mosquée du XIIIᵉ s., dont la base de son clocher mudéjar *(ci-dessus)*.

Plan de Ronda

10 Plaza de Toros
Élégantes, avec leur double rang d'arcades, les arènes inaugurées en 1785 font partie des plus anciennes d'Espagne. Elles accueillent 6 000 spectateurs, mais il faut réserver très en avance pour espérer obtenir une place. Le museo Taurino retrace trois siècles d'histoire de la corrida.

9 Palacio de Mondragón
Le palais du dernier gouverneur maure de Ronda *(ci-dessous)* date de 1314 et conserve une partie de ses mosaïques polychromes d'origine et un splendide plafond mudéjar. Il abrite un musée municipal qui présente, entre autres, la faune et la flore de la serranía de Ronda.

6 Minarete de San Sebastián
Cette sobre tour du XIVᵉ s. *(ci-dessus)* est l'ultime vestige d'une mosquée nasride.

7 Museo del Bandolero
Pendant près de 1 000 ans, les montagnes de la région servirent de refuge à des bandits de grands chemins dont ce musée évoque l'histoire.

Les origines de la corrida

La corrida telle que nous la connaissons aujourd'hui n'existerait peut-être pas sans l'établissement à Ronda, en 1572, de la Real Maestranza de Caballería (Académie royale de cavalerie) destinée à former à l'équitation l'aristocratie espagnole. Selon la légende, un élève chuta un jour où il défiait un taureau ; il fut chargé par l'animal, dont un spectateur détourna l'attention en agitant son chapeau. Ce spectateur inventa la cape et la muleta, et son petit-fils, Pedro Romero (1754-1839), fixa les règles de l'« école de Ronda » toujours prestigieuse.

Andalousie Top 10

Début septembre, pour las Corridas Goyescas, les matadors toréent, vêtus de costumes inspirés de croquis de Goya.

25

Costa del Sol

Chaque été, des millions de touristes étrangers venus de toute l'Europe, et quelque 300 000 expatriés selon les estimations, affluent sur la côte du Soleil. Jalonnée d'anciens villages de pêcheurs, les principaux atouts de la côte sont 320 jours de beau temps par an, de longues plages de sable et d'innombrables sources de distractions bon marché, pas toujours raffinées. Ses barres de béton et ses néons ont peu de rapport avec la culture locale, mais c'est avec une fougue toute andalouse que ses visiteurs se livrent à leur quête du plaisir, en particulier la nuit dont ils profitent souvent jusqu'à l'aube.

Vieille ville de Málaga

⏰ **Les commerces et les sites à visiter ferment souvent pour la sieste, entre 13h et 17h.**

• *Estepona : plan D5 ; off. du tour. : avda San Lorenzo 1 ; 952 80 20 02*
• *Marbella : plan D5 ; off. du tour. : plaza de los Naranjos 1 ; 952 82 35 50*
• *Mijas : plan D5 ; off. du tour. : plaza Virgen de la Peña ; 952 48 59 00*
• *Fuengirola : plan D5 ; off. du tour. : avda Jesús Santos Rein 6 ; 952 46 74 57*
• *Benalmádena : plan D5 ; off. du tour. : avda Antonio Machado 10 ; 952 44 12 95*
• *Torremolinos : plan E5 ; off. du tour. ; plaza de las Comunidades Autónomas ; 952 37 19 09*
• *Málaga : plan E5 ; off. du tour. : pasaje de Chinitas 4 ; 952 21 34 45*
• *Vélez-Málaga : plan E5*
• *Nerja : plan E5 ; off. du tour. : c/Puerta del Mar 2 ; 952 52 15 31*

À ne pas manquer

1. Estepona
2. Marbella
3. Mijas
4. Fuengirola
5. Benalmádena
6. Torremolinos
7. Málaga
8. Torre del Mar
9. Vélez-Málaga
10. Nerja

1 Estepona
La première grande station balnéaire de la Costa del Sol possède 19 km de plage *(à droite)*. Dans le *casco antiguo* (quartier ancien), la plaza Las Flores *(ci-dessous)* garde un charme serein.

2 Marbella
La plus huppée et la plus chère des stations balnéaires espagnoles a conservé une agréable vieille ville autour de la plaza de los Naranjos, aménagée au XVᵉ s. Non loin, des yachts de rêve se serrent dans le port de plaisance de Puerto Banús *(à droite)*.

3 Mijas
Ce gros village perché offre de belles vues de la côte. Bordées de charmantes boutiques, rues et placettes forment un dédale.

4 Fuengirola
Au pied d'un château maure du Xᵉ s. restauré, Fuengirola, au front de mer récemment remanié, attire une clientèle plus familiale que les autres centres balnéaires de la région.

Estepona conserve une importante flotte de pêche ; une criée a lieu à l'aube quand les bateaux reviennent avec leurs prises.

5 Benalmádena
La station comporte trois parties : la vieille ville, le port *(ci-dessus)* et Arroyo de la Miel, une banlieue animée.

Carte de la Costa del Sol

9 Vélez-Málaga
Le quartier ancien de cette ville de marché *(ci-dessous)* conserve des éléments mudéjars. Un concours de guitare flamenco s'y tient en juillet.

10 Nerja
Nerja a su résister au béton. Ses maisons blanchies dominent des falaises verdoyantes au-dessus de paisibles criques sablonneuses.

La côte de rêve de Franco

Alors que son pays, étouffé par sa dictature, tardait à se développer sur le plan économique, le général Franco décida de transformer une zone de pauvres villages de pêcheurs en « Floride de l'Europe ». Dans les années 1960, il finança son projet avec de l'argent prêté par les États-Unis en échange du droit d'installer des bases militaires sur le sol espagnol. Il en résulta le bétonnage anarchique du littoral, fléau auquel s'ajoutèrent la corruption et le crime organisé. Des mesures sont prises depuis les années 1980 pour remédier au pire.

6 Torremolinos
Le nom de la ville, « Tour des moulins », fait référence à une tour de guet maure jadis entourée de 19 moulins à vent. La torre Vigía existe toujours, mais elle est aujourd'hui cernée par les immeubles modernes de ce haut lieu du tourisme balnéaire de masse *(ci-dessous)*.

7 Málaga
La deuxième ville d'Andalousie sert surtout de point de transit pour la majorité des visiteurs. Elle a gardé son caractère très espagnol. Son quartier historique s'étend au pied d'une forteresse maure du VIIIe s. et des ruines du castillo de Gibralfaro, bâti au XIVe s. *(p. 96)*.

8 Torre del Mar
Appréciée des familles espagnoles, Torre del Mar s'efforce d'offrir un visage moins clinquant et a récemment réhabilité son front de mer afin de lui donner un visage plus urbain.

Où sortir et où manger sur la Costa del Sol **p. 104-105**

Baeza et Úbeda

Au milieu des oliveraies, ces deux villes de la province de Jaén situées à 9 km l'une de l'autre ont connu leur âge d'or il y a 500 ans ; elles gardent de cette époque d'exceptionnels ensembles architecturaux Renaissance. La paisible Baeza, dont les origines remontent aux Ibères, a réussi à se protéger presque complètement du monde moderne. Úbeda possède des quartiers récents, et même quelques entreprises industrielles, mais son centre ancien présente un tel intérêt qu'il a été inscrit au patrimoine mondial de l'Unesco.

Plaza Santa María, Baeza

● À Baeza, le Restaurante Andrés de Vandelvira *(p. 123)* permet de profiter du cadre historique du couvent de San Francisco. À Úbeda, allez prendre un verre dans la cour du parador Condestable Dávalos *(p. 140)*, vous aurez l'impression de remonter le temps.

◍ Les poteries d'Úbeda bordent la calle Valencia ; la famille Tito est très réputée.

• *Baeza : plan F2 ; information touristique : casa del Pópulo, plaza del Pópulo ; 953 74 04 44 ; lun.-ven. 9h-13h30, et 17h-19h, dim. 9h-13h30*

• *Úbeda : plan F2 ; information touristique : palacio del Marqués de Contadero, c/Baja del Marqués 4 ; 953 75 08 97 ; lun.-ven. 9h-15h et 17-20h ; sam.-dim 10h-14h*

À ne pas manquer

1 Puerta de Jaén, Baeza
2 Plaza del Pópulo, Baeza
3 Plaza Santa María et cathédrale, Baeza
4 Palacio de Jabalquinto, Baeza
5 Paseo de la Constitución, Baeza
6 Plaza de Vázquez de Molina, Úbeda
7 Plaza del Primero de Mayo, Úbeda
8 Quartier des potiers, Úbeda
9 Plaza San Pedro, Úbeda
10 Plaza San Lorenzo, Úbeda

1 Puerta de Jaén, Baeza

Un arc bâti en 1521 en l'honneur de Charles Quint s'adosse à une ancienne porte des fortifications *(ci-dessus)*.

Plaza del Pópulo, Baeza 2

Des édifices Renaissance, dont un ancien abattoir, bordent la place du Peuple, aussi nommée plaza de los Leones pour sa fontaine *(à droite)* dont les statues proviennent des ruines d'une ville romaine.

3 Plaza Santa María et cathédrale, Baeza

La fontaine qui orne le centre de la place est de style Renaissance, à l'instar de la décoration intérieure de la cathédrale, à l'origine gothique. Construite sur le site d'une mosquée du XIIIe s. elle fut entièrement remaniée au XVIe s. par Andrés de Vandelvira.

Palacio de Jabalquinto, 4 Baeza

La façade présente un aspect typiquement isabélin avec ses ornements platéresques sur un support gothique flamboyant. Le patio Renaissance *(à droite)* contraste par sa simplicité.

Plaza San Pedro, 9 Úbeda

Dans la cour du Real Monasterio de Santa Clara, dont l'église est la plus vieille de la ville, les sœurs vous vendront des *dulces* (pâtisseries) distinctement arabes. Gracieuse création d'Andrés de Vandelvira, le palacio de la Rambla abrite désormais un petit hôtel de luxe *(p. 141)*.

Plaza San 10 Lorenzo, Úbeda

La casa de las Torres possède un portail platéresque *(ci-dessus)* encadré par deux grandes tours. La façade de l'église de San Lorenzo repose sur le parapet de l'ancien rempart de la ville.

Paseo de la Cons- 5 titución, Baeza

Trois étages d'arcades animent l'élégante façade de l'Alhóndiga (halle aux grains) du xvⁱᵉ s. La torre de los Aliatares faisait partie des fortifications.

Plaza de Vázquez 6 de Molina, Úbeda

Un chef-d'œuvre de la Renaissance espagnole borde cette place *(ci-dessus)* : la capilla del Salvador de Vandelvira.

Plaza del Primero 7 de Mayo, Úbeda

L'iglesia de San Pablo *(ci-dessus)* allie des styles variés et renferme de splendides chapelles. Un musée archéologique occupe la casa Mudéjar du xvᵉ s. Une loggia pare l'ayuntamiento Viejo, l'ancien hôtel de ville, élevé au xvⁱᵉ s.

Quartier des 8 potiers, Úbeda

La puerta del Losal, un arc mudéjar du xiiiᵉ s., marque l'entrée du quartier où, depuis l'époque des Maures, des artisans céramistes, renommés dans toute l'Espagne et au-delà, travaillent et vendent.

Architecture Renaissance en Espagne

Trois styles se succédèrent en Espagne pendant la Renaissance. Le platéresque se distingue par un décor foisonnant évoquant l'orfèvrerie, et reste proche du gothique flamboyant encore populaire sous Isabelle (platéresque isabélin). La symétrie et l'imagerie gréco-romaines caractérisent la haute Renaissance, tandis que les édifices herreriens, très peu ornementés, sont d'une sobriété austère.

 Les traits typiques de la poterie d'Úbeda sont un émail vert foncé et des ajours évoquant des motifs arabes **p. 122**

⌐⌐10 Parque Nacional del Coto Doñana

Le premier parc national créé dans le sud de l'Espagne, en 1969, constitue, avec son préparc, la plus grande réserve naturelle d'Europe. D'une superficie de 73 000 ha, elle jouit du statut de réserve de la biosphère de l'Unesco et protège trois écosystèmes distincts aux paysages caractéristiques : des marais, des zones de maquis et des dunes côtières. La faune, d'une grande richesse, comprend plusieurs espèces menacées. Proche de l'Afrique, le site offre une étape essentielle à de nombreux oiseaux migrateurs.

Échassiers dans le marais

🍴 **Le principal centre d'accueil abrite un snack-bar acceptable.**

💡 **Prenez des jumelles, de l'insectifuge, de la crème solaire et des chaussures de marche... Et méfiez-vous des sables mouvants.**

Pour la romeria del Rocío, il vous faudra aussi un sac de couchage, de l'eau et de la nourriture.

- *Plan B4*
- *www.parquenacional donana.com*
- *ouv. été : t.l.j. 8h-21h, hiver : t.l.j. 8h-19h ; visites guidées été : 8h30 et 17h, hiver : 8h30 et 15h*
- *EP 19 €*
- *Centro de Visitantes El Acebuche : ctra A483, à 3 km de Matala-scañas ; 959 44 87 11*
- *Centro de Información La Rocin ; 959 44 23 40 ; t.l.j. 9h-13h et 16h-21h (jusqu'à 19h en hiver)*
- *El Rocío Turismo: avda de la Canaliega ; 959 44 38 08*

À ne pas manquer

1. Situation et histoire
2. Habitats
3. Flore
4. Faune
5. Centres d'accueil
6. Visites guidées
7. Volière
8. Huttes
9. El Palacio de Acebrón
10. Romería del Rocío

1 Situation et histoire

Peu propice à l'installation des hommes, cette zone en bordure de l'estuaire du Guadalquivir devint, à partir du XIIIᵉ s., une réserve de chasse royale, puis ducale.

2 Habitats

Le parc protège trois écosystèmes distincts : des dunes poussées par les vents ; des *cotos*, ondulations de terrain couvertes de maquis ; et des *marismas (ci-dessous)*, marécages, pour certains saisonniers, comprenant des lagunes.

3 Flore

Pins parasols et chênes-lièges permettent la nidification de nombreux oiseaux. Les fleurs poussant sur les dunes et les *cotos* incluent l'ameria rose vif, la bruyère à balai, le ciste, le thym, le romarin et le genêt. Des renoncules et différents types de jonc forment l'essentiel de la végétation des zones marécageuses.

➜ *L'accès au parc national est réservé aux visites guidées. Quelques sentiers parcourent le préparc.*

4 Faune
L'emblème du parc est le lynx pardelle *(ci-dessous)*. Le parc offre un refuge à des aigles impériaux espagnols, une autre espèce menacée. Au moins 300 000 oiseaux y vivent en permanence. De très nombreux migrateurs y font étape.

6 Visites guidées
Menées par des guides chevronnés, deux visites quotidiennes en véhicules tout-terrain *(ci-dessus)* partent des centres d'accueil. Leurs itinéraires varient selon les saisons. Des marais asséchés offrent plus de chances d'apercevoir des mammifères

7 Volière
Le principal centre d'accueil, le centro de Visitantes El Acebuche, se trouve dans une lagune. À son extrémité orientale, une volière sert à l'accueil d'oiseaux ayant besoin de soins, et appartenant parfois à des espèces peu fréquentes. Elle permet de les contempler d'assez près.

5 Centres d'accueil
Les centres d'accueil abritent des expositions. Les sentiers qui en partent permettent parfois l'observation d'oiseaux *(ci-dessous)*.

8 Huttes
Inhabitées, ces rudimentaires abris traditionnels *(ci-dessus)* à la structure en bois couverte de chaume datent du XVIIIᵉ s. On les trouve dans les pinèdes où ils forment parfois de petits villages.

9 El Palacio de Acebrón
Point de départ d'un sentier de 12 km dans les bois, ce pavillon de chasse, construit dans le style néo-classique en 1961, renferme une exposition sur l'histoire et l'ethnographie de la région. Il ménage de belles vues depuis ses étages supérieurs.

10 Romería del Rocío
À la Pentecôte, le pèlerinage d'El Rocío *(p. 87)*, le plus populaire d'Espagne, attire des centaines de milliers de personnes dans ce village au nord du parc. Les célébrations donnent exceptionnellement droit aux participants de pénétrer dans des zones normalement protégées *(ci-dessous)*.

Pollution
En 1998, la rupture du bassin de décantation d'une mine de Rio Tinto a causé le déversement de millions de mètres cubes de polluants dans le Guadiamar, l'un des cours d'eau alimentant les marécages. Heureusement, la vague d'acides et de métaux lourds put être arrêtée avant d'atteindre le parc, mais elle a contaminé certaines zones voisines et la nappe phréatique. Le nettoyage continue.

Les visites guidées durent 4 h et sont limitées à 20 participants. La réservation est plus que recommandée.

10 Sierra Nevada

Ce massif dont le nom signifie « montagne enneigée » compte les sommets les plus hauts d'Europe après ceux des Alpes. Jusqu'au xxᵉ s., seuls les neveros (vendeurs de neige) s'y risquaient régulièrement pour en descendre des blocs de glace à Grenade. Pendant longtemps, la sierra Nevada n'a été que l'arrière-plan du palais de l'Alhambra, mais, depuis la création d'un parc national en 1988, elle connaît une popularité grandissante auprès des randonneurs et des skieurs. La splendide région des Alpujarras, sur ses contreforts sud, a de tout temps résisté aux influences extérieures.

Sierra Nevada

○ Les amateurs de *jamón serrano* (jambon de montagne) se doivent de passer à Trevélez *(p. 65).*

○ Les visiteurs, notamment les skieurs, doivent se protéger du soleil. Les randonneurs penseront à emporter suffisamment d'eau, au moins un coupe-vent et des jumelles.

Les stations-service sont rares dans les Alpujarras. À l'ouest, vous pourrez faire le plein à Órgiva.

• Plan F4
• *Parque Nacional de la Sierra Nevada* : ctra Granada-Sierra Nevada, A395, km 23 ; 958 34 06 25
• *Sierra Nevada Club (ski)* : plaza de Andalucía, Solynieve ; 958 24 91 11 ; www. sierranevadaski.com

À ne pas manquer

1 Situation
2 Flore et faune
3 Randonnée
4 Ski
5 Puerto del Suspiro del Moro
6 Las Alpujarras
7 Valle de Lecrín
8 Lanjarón
9 Órgiva
10 Barranco de Poqueira

1 Situation
Entre la Costa del Sol et Grenade, la sierra Nevada culmine au Mulhacén (3 482 m). Des vallées fertiles ponctuées de villages pittoresques s'étendent au sud.

2 Flore et faune
Altitude et situation méridionale valent aux montagnes une flore exceptionnelle comprenant 60 variétés qui ne poussent nulle part ailleurs. Des chèvres des Pyrénées peuplent les hauteurs, au-dessus desquelles planent quelques aigles royaux.

Sommets enneigés

3 Randonnée
L'établissement d'un parc national en 1999 a fermé aux voitures, au profit des piétons, certains passages de la route passant au sommet du massif. Une boucle de 5 heures, assez aisée, permet d'atteindre le deuxième sommet de la sierra, le Veleta (3 470 m).

4 Ski
Située à 2 080 m d'altitude et ouverte de décembre à avril ou mai, l'unique station, Solynieve, possède 60 km de pistes et 20 remontées mécaniques *(à gauche).* Elle a accueilli les championnats du monde de ski alpin en 1996.

5 Puerto del Suspiro del Moro

Au sud de Grenade, la N323 à destination du littoral passe par le col du Soupir du Maure. Selon la légende, c'est là que l'émir Boabdil, chassé de Grenade par les chrétiens en 1492 *(p. 35)*, aurait jeté un dernier regard sur la cité qu'il n'avait pas réussi à conserver.

7 Valle de Lecrín

Dans cette jolie vallée, oliveraies et plantations d'agrumes offrent un écrin bucolique à des villages préservés.

9 Órgiva

Le plus gros bourg de la région *(à gauche)*, et sa capitale depuis 1839, s'anime le jeudi matin pour le marché. On peut y acheter des produits agricoles locaux, ainsi que de l'artisanat traditionnel, des tapis notamment.

10 Barranco de Poqueira

Jalonné de minuscules villages où l'artisanat reste vivant, le vaste et splendide défilé de Poqueira *(ci-dessus)* offre aux randonneurs des itinéraires aisés. Il abrite un monastère tibétain depuis 1982. Capileira possède un musée consacré aux arts et traditions populaires des Alpujarras.

8 Lanjarón

Porte des Alpujarras, Lanjarón *(ci-dessous)* est réputée pour ses eaux minérales depuis l'époque romaine. Elle renferme un centre de cure moderne. En dessous de la longue rue principale, les ruines d'un château d'origine maure offrent une vue à couper le souffle de la vallée.

6 Las Alpujarras

Sur le flanc sud de la sierra Nevada, cette région très accidentée aux paysages spectaculaires est restée longtemps isolée. Avec leurs maisons aux toits en terrasse serrées les unes contre les autres, ses villages blancs *(ci-dessus)* ressemblent beaucoup à ceux du rif marocain.

South from Granada

Auteur anglais qui faisait partie, avec Virginia Woolf, du groupe de Bloomsbury, Gerald Brenan vécut dans le village de Yegen, dans la partie orientale des Alpujarras, entre 1923 et 1934. Une plaque le rappelle sur la maison qu'il habita. Merveilleuse évocation de ses expériences et des coutumes de la région, son roman, *South from Granada*, a été adapté au cinéma en 2002 par Fernando Colomo et projeté en France sous le titre *Au sud de Grenade*.

Gauche **Forteresse maure** Droite **Découverte de l'Amérique**

Un peu d'histoire

1 Âge du bronze
La civilisation ibère prit son essor quand elle se mit à fondre et à travailler le bronze vers 2500 av. J.-C. Certaines tribus élevèrent les plus anciennes tombes mégalithiques (dolmens) d'Europe occidentale.

2 Colonies phéniciennes et grecques
Attirés par les richesses en minerai de la région, les Phéniciens fondèrent un comptoir sur la presqu'île de l'actuelle Cadix en 1100 av. J.-C. Des Grecs s'établirent près de Málaga en 636 av. J.-C. À partir du IIIe s. av. J.-C., Carthage imposa sa domination sur le sud-est de la péninsule Ibérique.

3 Conquête romaine
Les Romains fondèrent Itálica (p. 89) en 206 av. J.-C., et, en 201, ils avaient pris le contrôle de l'ensemble du territoire. La province de la Bétique devint l'une des plus prospères de l'Empire.

Ruines romaines

4 Domination arabe
Sept siècles plus tard, alors que s'effondrait la puissance romaine, les tribus barbares des Vandales et des Suèves déferlèrent au sud des Pyrénées. Dans leur sillage, les Wisigoths réussirent à créer un royaume unifiant la péninsule. Un litige de succession, en 710, conduisit à l'enrôlement de troupes arabes. Dix ans plus tard, les Maures avaient conquis le pays.

5 L'âge d'or d'al-Andalus
Abd al-Rahman III établit en 929 un califat indépendant où régnaient tolérance religieuse, progrès technique et curiosité scientifique et philosophique. Sa capitale, Cordoue, devint la cité la plus prospère d'Europe occidentale.

6 Reconquista
À partir du petit royaume des Asturies, les chrétiens gagnèrent peu à peu du terrain vers le sud. À la dissolution du califat en 1031, l'Espagne maure se morcella en quelque trente royaumes dits de « taifa ». La prise de Grenade, en 1492, après huit mois de siège, marqua la fin de la Reconquête.

7 Découverte de l'Amérique
La même année, Christophe Colomb traversa l'Atlantique pour le compte des Rois Catholiques. L'or et l'argent en provenance du Nouveau Monde financeront la création d'un empire.

8 Chute de l'Empire
La perte des colonies commença en 1713 à la suite de la guerre de Succession d'Espagne et connut son dénouement en 1898 au terme de la guerre hispano-américaine. Ce long déclin provoqua une grande pauvreté en Andalousie et une émigration de masse.

9 Guerre civile et dictature
Le 18 juillet 1936, les troupes du général Francisco Franco, chef d'un coup d'État contre la république dirigée par le Front populaire, remportèrent leurs premiers succès avec la prise de Cadix, de Séville et de Grenade. Madrid tomba en 1939. Jusqu'en 1975, la dictature du Caudillo étouffa toute initiative.

10 Expo' 92
L'Exposition universelle de Séville célébra en 1992 le cinq centième anniversaire de la découverte du Nouveau Monde. Elle attira 42,5 millions de visiteurs, mais laissa un énorme trou dans les caisses. Des accusations de corruption causèrent la défaite du Parti socialiste au profit du Parti populaire de José Maria Aznar.

Pabellón de Andalucía, Expo' 92

Personnages historiques

1 Melkarth
Selon la légende, l'avatar phénicien d'Hercule aurait fondé l'Andalousie.

2 Trajan
L'un des plus grands empereurs romains (98-117 apr. J.-C.) naquit à Itálica.

3 Hadrien
Fervent bâtisseur, le successeur de Trajan (117-138) mit l'accent sur les racines grecques de Rome.

4 Abd al-Rahman III
D'origine syrienne (912-961), il fonda le califat autonome d'al-Andalus.

5 Boabdil
Le dernier émir maure (1482-1492) ne put empêcher la chute de Grenade.

6 Isabelle et Ferdinand
Isabelle de Castille (1479-1504) et Ferdinand d'Aragon (1479-1516) prirent le surnom de « Rois Catholiques ».

7 Christophe Colomb
Parti de la province de Huelva le 3 août 1492, le navigateur génois (1451-1506) atteignit une île des Bahamas le 12 octobre.

8 Charles Quint
Au terme d'un long règne (1516-1556) où il s'opposa aux protestants, il laissa l'Espagne dans un état de quasi-faillite.

9 Philippe V
Ce petit-fils de Louis XIV (1700-1746) installa sa cour à Séville. En revendiquant aussi le trône, l'archiduc d'Autriche provoqua la guerre de Succession d'Espagne.

10 Felipe González
Né à Séville, au pouvoir de 1982 à 1996, le chef du Parti socialiste fit entrer l'Espagne dans l'Union européenne.

Gauche **Arcs en fer à cheval, architecture maure** Droite **Azulejos**

Héritage maure

1 Art et architecture

D'un grand raffinement géométrique, les motifs ornementaux hispano-musulmans utilisent souvent la calligraphie. Les architectes s'efforçaient, par l'intégration des volumes, des décors et des espaces extérieurs, de retrouver l'unité de la création d'Allah dont les réalisations de l'homme ne peuvent atteindre la perfection.

2 Tolérance religieuse

En dehors de l'obligation de verser une taxe spéciale et de porter des vêtements les distinguant, les juifs et les catholiques subissaient peu de pression de la part des autorités. Même au XIIᵉ s., après l'arrivée au pouvoir des Almohades plus rigoristes, les différentes religions cohabitèrent encore.

3 Musique

Les musulmans d'Espagne participèrent au développement de la guitare. Au XIIIᵉ s., la *guitarra morisca* possédait trois cordes. Les formes musicales du Moyen-Orient influencèrent le flamenco *(p. 58-59)*.

4 Jardins

Plantations, parfums des fleurs, bassins et jeux d'eau offrent dans les jardins une image du paradis musulman. Le jasmin, le chèvrefeuille et la rose font partie des espèces végétales acclimatées en Andalousie par les Maures.

5 Agriculture

Des techniques datant de l'époque romaine permettaient une exploitation maîtrisée des ressources en eau grâce à trois éléments de base : l'aqueduc, la noria et le canal d'irrigation. Les Maures développèrent aussi l'aménagement des sols en terrasses et introduisirent des cultures comme l'orange amère, le citron, l'amande, le riz, le coton, la grenade, l'aubergine, l'artichaut et le mûrier (pour l'alimentation de vers à soie).

6 Philosophie

Cordoue fut au XIIᵉ s. le plus grand pôle intellectuel de l'Europe occidentale grâce à des philosophes comme le musulman Averroès et le juif Maimonide, qui s'efforcèrent, dans leurs travaux, de concilier leur religion et les enseignements d'Aristote. Les érudits du monde arabe assurèrent la sauvegarde et la transmission de nombreux textes de penseurs grecs.

Jardin maure du Generalife

7 Sciences et techniques

Les Arabes excellaient dans les domaines de la métallurgie, de la zoologie, de la botanique, de la médecine et des mathématiques, notamment l'algèbre (al-jebr signifie « réunir des parties brisées » en arabe). Ils perfectionnèrent également des instruments de navigation comme l'astrolabe et le compas quart de cercle.

8 Cuisine

Des ingrédients comme les amandes, le safran, la noix de muscade et le poivre transformèrent profondément l'alimentation - des plus rustiques - des populations locales, à base d'olives, de blé et de raisin.

Amandes

9 Langage

La présence maure reste vivante dans l'espagnol moderne avec des termes comme izquierda (gauche) et les mots commençant pas le préfixe « al » (« le » en arabe).

10 Artisanats

L'Andalousie doit à ses envahisseurs arabes des traditions comme les cuirs maroquinés de Cordoue, les bijoux en filigrane d'or ou d'argent et les carreaux de céramique appelés azulejos.

Sites maures

1 Grenade

Le palais de l'Alhambra et les sompteux jardins voisins du Generalife offrent un bel aperçu de la civilisation brillante qui s'épanouit en Andalousie (p. 8-11).

2 Reales Alcázares, Séville

L'entrée et les tours de façade de l'Alcázar de Séville sont d'origine (p. 16-17).

3 La Mezquita, Cordoue

La construction de la Grande Mosquée marqua le début du style architectural dit « califal » (p. 20-21).

4 Baños Arabes, Ronda

Les bains de Ronda abritent des arcs en fer à cheval, typiques de l'architecture arabe (p. 24-25).

5 Medina Azahara, Cordoue

Il ne reste malheureusement que des ruines de la fastueuse cité palatiale d'Abd al-Rahman III (p. 119).

6 Almonaster La Real

La mosquée du village, l'une des plus belles d'Andalousie, ménage une belle vue depuis le sommet du minaret (p. 90).

7 Alcazaba, Almería

La plus vaste forteresse maure d'Espagne résista à deux sièges (p. 111).

8 Alcazaba, Málaga

Une tour et des vestiges des murailles subsistent des fortifications d'origine (p. 96).

9 Las Alpujarras

Les villages accrochés au flanc de la sierra Nevada présentent un aspect caractéristique (p. 32-33).

10 Vejer de la Frontera

Le plus maure des pueblos blancos (p. 42).

Gauche **Fortaleza de la Mota, Alcalá la Real** Droite **Castillo de Vélez Blanco**

TOP 10 *Alcázares, palacios* et *castillos*

1 Reales Alcázares, Séville
Ces anciennes résidences royales souvent modifiées au cours des siècles marient différents styles, mais l'influence arabe domine, hormis au palais Renaissance construit pour Charles Quint *(p. 16-17)*.

2 Casa de Pilatos, Séville
En Andalousie, peu de palais possèdent l'opulence de cette demeure des XVe et XVIe s. dont les architectes associèrent des éléments mudéjars, Renaissance et gothique flamboyant. Des statues classiques ornent la cour intérieure, entre autres une Athéna grecque du Ve s. av. J.-C. et des œuvres romaines.
Les pièces renferment des portraits de famille et des antiquités *(p. 75)*.

Relief romain, casa de Pilatos

3 Ayuntamiento, Séville
Entrepris en 1527 par Diego de Riaño, l'hôtel de ville de Séville abrite une collection d'art comprenant des peintures de Zurbarán et de Velázquez. La façade côté plaza de San Francisco date du XIXe s. et copie le style plateresque de la façade sud. Une extension néoclassique édifiée en 1861 donne sur la plaza Nueva *(p. 76)*.

4 Palacio del Marqués de la Gomera, Osuna
Bel exemple de baroque espagnol, ce palais du XVIIIe s. possède une façade animée par un balcon richement ouvragé sous une corniche rythmée par des ondulations et des volutes. L'édifice est devenu un hôtel-restaurant de luxe.
◈ c/San Pedro 20 • plan D4

5 Fortaleza de la Mota, Alcalá la Real
La principale attraction de la ville d'Alcalá la Real est l'imposante forteresse en ruine qui la domine depuis une hauteur considérée comme stratégique dès l'époque préhistorique. Édifiée au XIVe s. par les maîtres maures de Grenade (elle comporte des éléments du XIIe s.), la place forte tomba aux mains des chrétiens en 1341. Les ajouts continuèrent jusqu'au XVIe s. où fut élevée l'église qui se dresse au sommet de la colline. Un musée archéologique occupe le donjon massif qui lui fait face *(p. 121)*.

6 Castillo de Santa Catalina, Jaén

À 5 km de la ville, une forteresse maure restaurée au XIIIᵉ s. par les chrétiens offre un large panorama des montagnes et de la vallée plantée d'oliviers. ◎ Plan F3

Castillo de Lacalahorra

• ouv. été : mar.-dim. 10h-14h et 17h-21h ; hiver : mar.-dim 10h-14h et 15h30-19h30 • EP

7 Castillo de Burgalimar, Baños de la Encina

Au pied de la sierra Morena, l'un des châteaux maures les mieux conservés d'Andalousie ménage des vues spectaculaires depuis ses quatorze tours. L'entrée principale, en arc en fer à cheval, porte une inscription datant de 967. ◎ Plan F2 • ouv. t.l.j. 9h-20h • EG

8 Palacio de Jabalquinto, Baeza

La façade de ce palais, commencé au XVᵉ s., associe en façade les styles gothique flamboyant et plateresque. Dans le sobre patio Renaissance, deux lions encadrent un monumental escalier baroque (p. 29).

9 Castillo de Lacalahorra

L'un des rares châteaux édifié sur un site vierge après la Reconquête fut le premier d'Espagne à suivre les canons de la Renaissance italienne. Derrière des murailles peu engageantes, il recèle une cour gracieuse aux escaliers, aux piliers et aux arcades en marbre de Carrare. ◎ Plan F4 • ouv. mer. 10h-13h et 16h-18h • EG

10 Castillo de Vélez Blanco

Bâti entre 1506 et 1513, dans le style de la Renaissance italienne, l'édifice semble sortir d'un conte de fées. L'intérieur a malheureusement été dépouillé au début du XXᵉ s., mais une cour reconstruite donne une idée de sa splendeur d'origine. ◎ Plan H3
• ouv. lun.-ven. 11h-14h et 17h-20h ; sam.-dim 11h-20h • EP

Vous pourrez prendre un rafraîchissement au parador du castillo de Santa Catalina (p. 140).

Gauches **Arcs de la Mezquita** Droite **Retablo Mayor, cathédrale de Séville**

Lieux de culte

1 Cathédrale de Séville
Entrepris en 1420 à l'emplacement d'une mosquée, ce majestueux monument élève ses voûtes de style gothique flamboyant jusqu'à 56 m de hauteur. Il abrite de précieuses œuvres d'art et le plus grand retable du monde *(p. 14-15)*.

2 Mezquita, Cordoue
Malgré l'édification d'une cathédrale en son cœur, la forêt de colonnes de la Grande Mosquée des califes de Cordoue reste magique *(p. 20-21)*.

3 Mosquée, Almonaster la Real
C'est l'une des rares mosquées à avoir survécu en zone rurale. Elle n'a presque pas changé d'aspect en 1 000 ans *(p. 90)*. ✆ *Plan B3 • ouv. t.l.j. 11h-19h • EG*

4 Oratorio de San Felipe Neri, Cadix
Ornée au maître-autel par un tableau de Murillo, cette belle église baroque de plan elliptique possède une grande importance

Plaques, Oratorio de San Felipe Neri

historique, comme le rappellent les plaques de sa façade. C'est en effet là que se réunirent les Cortes, assiégés par les troupes de Napoléon, pour rédiger la première constitution libérale du pays, promulguée le 19 mars 1812. ✆ *Plaza San Felipe Neri • plan B5 • ouv. lun.-sam. 10h-13h30 • EP*

5 Colegiata de Santa María de la Asunción, Osuna
Dominant la ville au sommet d'une colline, l'imposante collégiale d'Osuna possède une austère façade Renaissance qu'anime un élégant portail platéresque : la puerta del Sol. Son mobilier comprend cinq tableaux de José de Ribera, une Crucifixion sculptée par Juan de Mesa, de beaux plafonds *artesonados* et un retable baroque très animé *(p. 88)*.

6 Iglesia de San Mateo, Lucena
Célèbre pour avoir été une enclave juive pratiquement indépendante à l'époque de la domination musulmane, Lucena a aujourd'hui une vocation industrielle et commerciale. La ville recèle un joyau du rococo andalou : la délicate chapelle octogonale du Sagrario construite au XVIIIe s. dans une église du XVe s. bordant la place principale. Remarquez la complexité de sa décoration. ✆ *Plan E3 • ouv. pendant les offices • EG*

Évitez d'entrer dans les lieux de culte avec des tenues trop dénudées, et respectez les offices.

7 Capilla Real et cathédrale, Grenade

Bien qu'ils ne manquent pas d'intérêt esthétique, ces deux monuments semblent davantage destinés à célébrer le triomphe des armées chrétiennes et de leurs souverains qu'un élan spirituel. La chapelle royale abrite les cénotaphes des Rois Catholiques. La tête d'Isabelle de Castille creuse plus son oreiller de marbre que celle de Ferdinand d'Aragon, ce qui est supposé révéler une plus grande intelligence. Dans la cathédrale, une somptueuse ornementation s'élève vers la coupole, haute de 45 m, de l'ambitieuse Capilla Mayor *(p. 109)*.

8 Monasterio de San Jerónimo, Grenade

Diego de Siloé dessina la majeure partie de ce monastère Renaissance au cloître harmonieux. L'église possède un grand retable polychrome exécuté par plusieurs artistes de l'école de Grenade. ◎ *C/Rector López Argueta 9 • plan F4 • ouv. avr.-oct. : t.l.j. 10h-13h30 et 16h-19h30 ; nov.-mars : t.l.j. 10h-13h30 et 15h-18h30 • EP*

Cathédrale de Grenade

Cathédrale de Jaén

9 Cathédrale de Jaén

Entrepris en 1492, l'édifice actuel doit beaucoup à l'architecte de la Renaissance Andrés de Vandelvira qui dirigea les travaux à partir de 1546. Des sculptures baroques du XVIIe s., entre autres de Pedro Roldán, ornent la façade ouest. Tous les vendredis, entre 11h30 et 12h45, les fidèles viennent rendre hommage à la reliquía del Santo Rostro de Cristo. Ce mouchoir aurait gardé une empreinte miraculeuse des traits du Christ après que sainte Véronique l'eut utilisé pour lui essuyer le visage pendant la montée au Calvaire *(p. 121)*.

10 Capilla del Salvador, Úbeda

Dessiné par Siloé et réalisé par Vandelvira, ce chef-d'œuvre de la Renaissance andalouse, commandé pour servir de panthéon familial, reste une propriété privée. La chapelle du Sauveur a pour fleurons un haut retable en pierre polychrome et sa sacristie décorée de cariatides et d'atlantes.

Gauche **La Iruela, près de Cazorla** Droite **Zahara de la Sierra**

Villages

1 Almonaster La Real
De loin, ce charmant *pueblo blanco* de la province de Huelva ressemble à de la neige saupoudrée sur la verdure des forêts alentour. La citadelle abrite l'une des plus anciennes mosquées de la région, fondée au Xe s. *(p. 90)*.

2 Alájar
Les maisons en pierre de cet autre joli village de la province de Huelva semblent échapper au temps. Il renferme également une élégante église baroque. Une procession de chevaliers monte en septembre à la peña de Los Angeles qui offre un large panorama *(p. 90)*.

3 El Rocío
Ce bourg déserté la majeure partie de l'année, et dont les quelques habitants permanents gardent l'habitude de se déplacer

Église, El Rocío

à cheval, accueille jusqu'à un million de pèlerins pour sa *romería* de la Pentecôte *(p. 31)*. Il mérite une visite en toute saison pour son architecture évoquant le Far West et pour le parc naturel de Coto de Doñana voisin *(p. 87)*.

4 Vejer de la Frontera
D'un blanc étincelant, ce village perché sur un piton de la province de Cadix, à quelques kilomètres de la mer, laisse transparaître, peut-être plus qu'aucun autre en Andalousie, ses antécédents arabes. Son labyrinthe de ruelles ne déparerait pas une localité d'Afrique du Nord. Avant guerre, les femmes y portaient traditionnellement un voile, le *cobijado*. Il est désormais réservé à la fête locale qui se déroule au mois d'août *(p. 99)*.

5 Arcos de la Frontera
Préservée depuis 1962 par le statut de monument national, la partie historique, au sommet du village, s'étend entre la cuesta de Belen et la puerta de Matreta. Elle a pour cœur la plaza del Cabildo plantée d'orangers et dominée par l'iglesia de Santa María gothique, mais à la façade principale plateresque. Le château en dessous de la place est malheureusement fermé au public, mais la terrasse du parador, en face, offre un cadre confortable qui permet de profiter de la vue *(p. 98)*.

Iglesia de Santa María, Arcos de la Frontera

6 Zahara de la Sierra

Niché au sein d'orangeraies, ce hameau porte un nom qui signifie « fleur » en arabe. Le site respire la sérénité, mais les ruines du château évoquent une période plus troublée. Au XVᵉ s., sa position stratégique sur la route d'accès nord à la serranía de Ronda valut à la forteresse de subir des assauts répétés. L'église baroque date du XVIIIᵉ s. ✎ Plan C4

7 Sabiote

Ce village d'origine romaine au bord d'un plateau a conservé des remparts médiévaux pour une grande part intacts et l'un des châteaux les plus impressionnants de la région. Construit par les Maures, il fut restauré par Andrés de Vandelvira, natif de Sabiote. Le célèbre architecte Renaissance dessina également plusieurs demeures pour la noblesse locale. ✎ Plan F2

8 Iznatoraf

Ce village de montagne ménage de somptueux panoramas des sierras de Cazorla et Segura à l'est, et de la sierra Morena au nord. ✎ Plan F2

9 Cazorla

À l'entrée de la sierra de Cazorla (p. 44), des cubes blanchis se serrent autour d'une citadelle que chrétiens et Maures se disputèrent longtemps. À un kilomètre, à La Iruela, les ruines d'un château des templiers se dressent sur un piton rocheux d'où s'ouvre une vue à couper le souffle de la vallée du Guadalquivir. ✎ Plan G3

10 Castril

Au pied d'un imposant promontoire au sein du Parque Natural de la Sierra de Castril, cette charmante localité dominée par son église paroissiale possède des origines romaines. En dessous jaillit un torrent de montagne. ✎ Plan G3

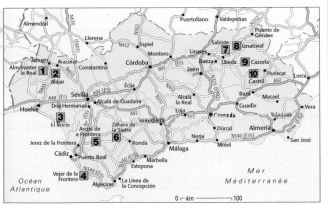

Gauche **Parque Nacional del Coto de Doñana** Droite **Sierra de Aracena**

Réserves naturelles

1 Parque Nacional del Coto de Doñana
Cette réserve de la biosphère de l'Unesco protégée depuis 1969 sert chaque année de lieu d'étape à plus de six millions d'oiseaux migrateurs. Des dunes, des zones de maquis, des marécages et des forêts de pins et de chênes-lièges abritent de nombreux animaux, dont le lynx pardelle *(p. 30-31)*.

2 Sierra Nevada
Le plus haut massif montagneux d'Espagne renferme la station de ski la plus méridionale d'Europe et de splendides espaces naturels à découvrir à pied, à cheval ou à vélo tout-terrain *(p. 32-33)*.

3 Parque Natural Sierra de Aracena y Picos de Aroche
Dans la province de Huelva, cette partie de la sierra Morena a gardé son caractère rural. Parmi les traditions entretenues par les villageois figure l'affinement du *jamón ibérico*. De beaux

itinéraires de promenade, à pied ou à cheval, parcourent les collines boisées *(p. 90)*.

4 Sierra Norte
Le nord de la province de Séville est resté sauvage, et même souvent difficile à parcourir en voiture à cause des ornières et nids-de-poule qui rendent certaines routes peu praticables. Randonneurs, pêcheurs, chasseurs et grimpeurs s'y retrouvent dans leur élément. ◈ *Plan C3*

5 Parque Natural de la Sierra de Cardeña y Montoro
De nombreux sentiers fléchés sillonnent les forêts de pins, de chênes verts et de chênes-lièges couvrant la partie vallonnée du parc. Elle cède la place à une topographie plus spectaculaire à l'ouest. ◈ *Plan E2*

6 Sierra de Cazorla
Dans la partie orientale de la province de Jaén, une vaste réserve naturelle protège un

Sierra Nevada

territoire très varié où poussent 1 300 espèces végétales connues, dont vingt variétés spécifiques à la zone. Torrents, rivières, lacs et falaises abruptes composent de splendides paysages parcourus par des sentiers de randonnée. ◈ *Plan G2*

Cabo de Gata-Níjar

Flore et faune

1 Arbres
Ils comprennent le pin noir, le pin parasol, le chêne vert, le noisetier, l'olivier, les agrumes, le genévrier, le frêne, le cyprès et le rare sapin d'Espagne.

2 Arbustes
Sur la côte pousse l'agave, importé d'Amérique au XVIIIᵉ s., ainsi que le figuier de Barbarie, le scirpe timide et le laurier-rose.

3 Fleurs
Viola carzolensis et *Narcissus longispathus* comptent parmi les espèces endémiques.

4 Rapaces
L'aigle impérial et le faucon pèlerin sont de superbes rapaces.

5 Oiseaux chanteurs
Saurez-vous reconnaître la perdrix rouge, la glaréole à collier et la huppe ?

6 Oiseaux aquatiques
Grues, flamants, sternes hansel, tavèles violacées, échasses, ibis falcinelles et chevaliers gambette abondent dans les marais.

7 Mammifères
Loups, lynx, sangliers, genettes, civettes et mangoustes peuplent les territoires restés sauvages.

8 Reptiles et amphibiens
Ils comprennent la couleuvre de Montpellier et le crapaud calamite.

9 Poissons
Les pêcheurs locaux prennent anguilles, baudroies, thons, sardines et poulpes.

10 Insectes
La région est réputée pour ses papillons, mais abrite aussi des scorpions.

7 Cabo de Gata-Níjar
Dans la province d'Almería, le cap volcanique de Gata, une magnifique portion de littoral semi-désertique, possède depuis 1997 le statut de réserve de la biosphère de l'Unesco. Ses rochers poissonneux se prêtent à la découverte au tuba *(p. 49)*.
🖎 *Plan H4*

8 Sierra de Grazalema
Dans un massif très boisé pour l'Andalousie, plus de 50 000 hectares, déclarés réserve de la biosphère de l'Unesco, abritent une faune et une flore d'une grande richesse. L'accès n'est possible qu'à pied.
🖎 *Plan C5*

9 El Torcal
L'érosion a sculpté dans ce massif calcaire de la province de Málaga des formes fantastiques. Deux sentiers balisés permettent de les découvrir. Le centre d'accueil explique comment elles sont apparues *(p. 99)*.

10 Parque Natural de los Montes de Málaga
La plus grande partie des forêts des « montagnes de Málaga » a été plantée afin d'éviter à la ville les inondations saisonnières qu'elle subissait jadis. À 30 mn de route du centre, elles sont appréciées des amateurs de randonnée et de VTT. 🖎 *Plan E5*

➤ *El Torcal peut être découvert dans le cadre d'une visite guidée de deux heures.*

Gauche **Parque de María Luisa** Droite **Parque Genovés**

Promenades, places et jardins

1 Parque de María Luisa, Séville

Jean-Claude Nicolas Forestier, l'architecte français qui aménagea le bois de Boulogne de Paris, dessina le jardin dont Marie-Louise d'Orléans fit don à la ville en 1893. Le plus grand espace vert de Séville accueillit l'exposition ibéro-américaine de 1929. Les bâtiments construits pour l'occasion comprennent le grand édifice en demi-cercle de la plaza de España et plusieurs pavillons abritant aujourd'hui des institutions culturelles, des musées et un théâtre *(p. 79)*.

2 Paseo Marqués de Contadero, Séville

Piétonnière, la promenade aménagée le long du Guadalquivir permet d'échapper à la circulation urbaine et de flâner en plein centre de Séville sans avoir à se soucier des voitures. Ses allées bordées d'arbres donnent vue de certains des monuments les plus importants de la ville *(p. 79)*.

Paseo Marqués de Contadero

3 Parque Zoológico, Jerez

Installé dans un jardin botanique, le petit zoo de Jerez de la Frontera abrite 1 300 représentants de 200 espèces animales des cinq continents. Il participe à un programme de sauvegarde des espèces locales menacées et donne une occasion d'observer des lynx pardelles. Un millier seulement de ces félins discrets et propres à la péninsule Ibérique vivraient encore à l'état sauvage. ◎ *C/Taxdirt • plan B5 • ouv. oct.-mai : mar.-dim. 10h-18h ; juin-sept. : t.l.j. 10h-20h • EP*

4 Parque Genovés, Cadix

Le plus vaste espace vert du centre-ville s'étend à l'ouest en front de mer où il offre un espace aéré où flâner. Ses plantations soigneusement entretenues comptent un dragonnier centenaire originaire des îles Canaries. Un autre jardin, l'alameda de Apodaca, le prolonge au nord. ◎ *Plan B5*

5 Plaza San Juan de Dios, Cadix

Plusieurs tours élégantes et la façade monumentale de l'*ayuntamiento* (hôtel de ville) néo-classique dominent ce pôle de la vie commerciale et sociale de Cadix. Bordée de cafés et parée de superbes palmiers, la place ouvre sur le port d'où se déverse un flot constant de piétons. ◎ *Plan B5*

6 Jardín Botánico La Concepción, Málaga

À quelques kilomètres au nord du centre, une Anglaise, Amalia Livermore, et son époux espagnol Jorge Loring Oyarzábal créèrent au XIXe s. ce splendide jardin dont les plantes exotiques telles que palmiers, fougères arborescentes et bambous proviennent du monde entier. Un petit belvédère au toit carrelé ménage un beau panorama de la ville. ◈ Carretera N-334, km 166, Málaga • plan E5 • ouv. mar.-dim. 10h-16h (jusqu'à 18h30 en avr.-juin, et 17h30 en sept.-oct.) • EP

7 Plaza de la Corredera, Cordoue

Cette vaste place entourée d'arcades du XVIIe s. a bénéficié d'une réhabilitation en prévision de l'afflux de visiteurs pour Expo' 92 (p. 33) et recouvre désormais un parking souterrain. En complément du marché couvert qui se tient dans le bâtiment de la tour de l'horloge, elle accueille le samedi matin des éventaires en plein air. Les cafés et bars à tapas installés à l'ombre des galeries permettent de se détendre tout en contemplant les façades en brique et leurs balcons en fer forgé. ◈ Plan D3

Plaza de la Corredera

8 Alcázar de los Reyes Cristianos, Cordoue

Le palais des Rois chrétiens entrepris au XIVe s. dans le style gothique possède de magnifiques jardins de type arabe aux terrasses agrémentées de bassins et de jets d'eau. Les statues des souverains espagnols qui eurent un rapport avec l'alcázar y décorent le paseo de los Reyes. ◈ Campo Santo de los Mártires • plan D3 • ouv. mar.-sam. 8h30-14h30 et 16h30-20h30, dim. 9h30-14h • EP (EG ven.)

Plaza Nueva

9 Plaza Nueva, Grenade

Au pied à la fois de la colline de l'Alhambra et du quartier de l'Albaicín (p. 8-13), l'ancienne chancellerie et l'église Santa Ana Renaissance bordent la place Neuve aménagée sur le Darro. Devant les tables en terrasse des cafés se déploie le spectacle offert par la foule et des artistes de rue. ◈ Plan R2

10 Paseo de la Constitución, Baeza

Agrémentée de fontaines et plantée d'arbres, la longue place centrale de Baeza abrite des cafés sous ses arcades. Du côté opposé à l'ancienne halle aux grains bâtie en 1554, les notables assistaient jadis à des corridas depuis l'étage des Casas consistoriales Bajas du XVIIe s. (p. 29).

Gauche **Cabo de Gata** Droite **Marbella**

🔟 Plages

1 Ayamonte

À l'embouchure du río Guadiana marquant la frontière avec le Portugal, la ville la plus occidentale d'Andalousie conserve un agréable quartier ancien. À l'est, parmi les dunes, la station balnéaire d'Isla Canela possède une atmosphère détendue, et celle d'Isla Cristina un joli port de pêche. ◈ *Plan A4*

Mazagón

2 Mazagón

Mazagón fait partie des quelques plages de la Costa de la Luz qui échappent encore à l'affluence touristique. Située à 23 km au sud-est de Huelva, sur un littoral de dunes plantées de pins, la station, principalement fréquentée par des familles, est pratiquement déserte en hiver. Même en été, il reste possible de trouver des sites où jouir de la solitude. ◈ *Plan B4*

3 Chipiona

Au cœur de la région de production du moscatel, Chipiona compte parmi les stations balnéaires proches de Cadix où l'exploitation du tourisme ne prend pas une dimension trop industrielle, malgré ses deux splendides plages de sable. Sa vieille ville tire ses origines de la colonie romaine de *Turris Caepionis*, nommée d'après une tour élevée en 139-140 av. J.-C. pour signaler aux bateaux le danger représenté par l'îlot de Salmedina, qui apparaît à marée basse dans l'estuaire du Guadalquivir *(p. 99)*.

4 Tarifa

À la pointe la plus au sud de l'Europe, et au point de rencontre des masses d'air méditerranéennes et atlantiques, le vent ne cesse pratiquement jamais de souffler, pour le plus grand plaisir des véliplanchistes. Les amateurs de bains de soleil choisiront les quelques plages protégées. Une intense vie nocturne contribue à faire de Tarifa un lieu de villégiature particulièrement agréable *(p. 99)*.

Véliplanchistes, Tarifa

5 Marbella
Cet ancien village de pêcheurs doit à ses belles plages d'être devenu la station balnéaire la plus chic de la Costa del Sol. À l'est, des nudistes fréquentent la plage de Cabo Pino, tandis que celle de Las Dunas s'étend près d'un port de plaisance moderne. À l'ouest, des paillotes proposent grillades et soirées dansantes *(p. 26)*.

6 Torremolinos
Torremolinos a la réputation d'être le grand centre de la vie nocturne de la Costa del Sol, pourtant ses plages sont plutôt agréables et ce, d'autant plus qu'il suffit de descendre les rues pentues de la ville en direction de la mer pour laisser derrière soi une grande part de l'agitation *(p. 27)*.

7 Torre del Mar
Principalement fréquentée par des familles de la région, cette station moderne offre plus de calme que la plupart de ses voisines *(p. 27)*.

8 Nerja
Cette petite ville occupe un site privilégié sur une falaise *(p. 27)* où l'esplanade du balcón de l'Europa domine deux criques. Par temps clair, la vue y porte jusqu'à l'Afrique.

Nerja

9 Almuñécar
La principale station balnéaire de la Costa Tropical possède une atmosphère plus reposante que celles de la Costa del Sol. Un promontoire sépare ses deux plages centrales, la playa San Cristóbal et la playa Puerto del Mar. La région est appréciée pour ses sites, propices à la plongée sous-marine et à la planche à voile *(p. 110)*.

10 Cabo de Gata
Sur un cap volcanique protégé par un parc naturel et au sommet duquel se dresse un phare, le village de San José donne accès, à pied, à des criques peu fréquentées, dont la cala de la Media Luna et la playa de Mónsul *(p. 45)*.

Gauche **Port de plaisance de la Costa del Sol** Droite **Randonnée équestre**

🔟 Sports et activités de plein air

1 Plongée sous-marine

De nombreuses épaves reposent au fond de l'eau au large de Gibraltar, tandis que les rochers proches du cabo de Gata abritent une riche vie sous-marine. La Costa de la Luz recèle aussi de bons sites de plongée, près de Tarifa notamment. ◈ *Centro de Buceo Isub : c/Babor, San José ; plan H5 ; 950 38 00 04 • Tarifa Diving : c/Alcalde Juan Nuñez 8, Tarifa ; plan C6 ; 956 68 19 25*

2 Surf et planche à voile

Des rouleaux suffisants pour la pratique du surf déferlent sur la Costa de la Luz, mais les vagues de la Méditerranée ne permettent que le *body surfing*. Des vents réguliers font de Tarifa le grand centre de la planche à voile en Andalousie. ◈ *Club Mistral : Hurricane Hotel, ctra N340, km 78, Tarifa ; plan C6 ; 956 68 90 98 • Windsurf La Herradura : paseo Marítimo 34, La Herradura ; plan F5 ; 958 64 01 43*

Glisse au soleil sur la Costa Tropical

3 Équitation

Les chevaux andalous jouissent d'une réputation mondiale, et, dans toutes les provinces, des centres équestres proposent des cours et des randonnées. ◈ *Tierra de Caballos : par la NIV/E5 près d'Ecija ; plan D3 ; 955 90 36 54 • Rancho Los Lobos : Estación de Jimena, près de Jimena de la Frontera ; plan C5 ; 956 64 04 29*

4 Randonnée

Les massifs montagneux de la région offrent des paysages très variés à découvrir à pied (p. 44-45). La sierra Nevada (p. 32-33) renferme les plus hauts sommets. La Federación Española de Deportes de Montaña (FEDME) diffuse des cartes et des listes des refuges. ◈ *FEDME • 958 29 13 40 • www.fedme.es*

5 Spéléologie

Nombre des plus belles grottes de la région sont exploitées commercialement. Pour des expéditions plus aventureuses, contactez Safari Shop. ◈ *Safari Shop : avda Naciones Unidas Centro Commercial Cristamar B61, Puerto Banús, Marbella • plan D5 • 952 90 50 82*

6 Ski

L'Andalousie ne possède qu'une station de sports d'hiver : Solynieve, dans la sierra Nevada, près de Grenade. Elle permet de skier relativement tard dans la saison (p. 33).

 Toute la côte méditerranéenne se prête merveilleusement à la baignade. Sur l'Atlantique, surveillez les drapeaux.

7 Pêche
Un permis de cinq ans est requis pour la pêche en haute mer. Pour la pêche en eau douce, il vous faudra un permis de deux semaines. Renseignez-vous auprès de la Fédération de pêche espagnole. 🆂 *Federacion Española de Pesca : Navas de Tolosa 3, Madrid • 915 32 83 52*

Terrain de golf de la Costa del Sol

8 Golf
La Costa del Sol offre un tel choix, notamment à Marbella, qu'elle a été surnommée la Costa del Golf *(p. 103)*.

9 Fútbol
Obsession nationale, le football soulève d'intenses passions : en saison, dans tous les bars, des téléviseurs diffusent les retransmissions des matchs. L'Andalousie possède trois équipes de première division : Málaga, le FC Séville et le Betis Séville.

10 Tauromachie
La saison dure d'avril à octobre et les arènes vendent directement les billets. En septembre, Ronda organise des corridas en costumes de l'époque de Goya *(p. 24-25)*.

La corrida

1 Histoire
La corrida tire ses origines des sacrifices rituels de l'époque païenne.

2 Programme
Environ 500 courses de taureaux ont lieu chaque année en Espagne, souvent dans le cadre de *ferias*.

3 Déroulement
Trois matadors assistés de leur propre *cuadrilla* affrontent chacun deux taureaux. Chaque confrontation se déroule en trois *tercios*.

4 Présentation
La corrida commence par un défilé des participants.

5 Picadores
Pendant le premier *tercio*, deux picadors aux chevaux caparaçonnés affaiblissent à coups de lance les muscles de la nuque du taureau que le matador attire alors leur direction avec sa cape.

6 Banderilleros
Les *banderilleros* entrent ensuite pour planter des banderilles dans les épaules de l'animal blessé.

7 Matador
Au cour du dernier *tercio*, le *torero* dompte le taureau en effectuant des passes avec la cape appelée *muleta*.

8 Mise à mort
Après l'*estocada*, donnée à l'épée, le *cachetero* achève l'animal d'un coup de poignard entre les cornes.

9 Post mortem
Si le taureau s'est montré vaillant, sa dépouille fait le tour de l'arène.

10 Célébration
Brillant, un matador est acclamé et parfois porté en triomphe, mais gare aux huées s'il a déçu le public.

Gauche **Vallée du Guadalquivir** Droite **Sud de la Tahá**

🔟 Excursions à pied et en voiture

1 Randonnée d'Alájar à Linares de la Sierra

Hautes falaises, vallées boisées et villages blancs composent les paysages de la sierra de Aracena. Un sentier fléché part de la grand-place d'Alájar et rejoint Linares, *via* le hameau de Los Madroñeros. Il suit l'ancienne route et ne comporte qu'un passage abrupt. ✎ *Plan B3*

2 Randonnée du río Borosa

Depuis l'office du tourisme du village de Torre del Vinagre, près de Cazorla, cet itinéraire suit les étroits murs de pierre de la cerrada de Elías, une gorge où court le Borosa, franchi par des ponts en bois. ✎ *Plan G3*

3 Randonnée des villages du sud de la Tahá

Au départ de Pitres, le chemin part au sud pour atteindre Mecinilla, puis suit un ravin jusqu'à Fondales. De là, vous avez le choix entre un trajet court ou long jusqu'à Ferreirola, avant de monter à Atalbéitar, puis de revenir à Pitres. ✎ *Plan F4*

4 Randonnée de Rute à Iznájar

Au sortir de Rute, au sud, sur l'A331, tournez à gauche à l'embranchement, puis prenez le sentier à droite à environ 500 m. Il mène au lac, vire à droite et rejoint un promontoire rocheux. Grimpez ensuite la colline jusqu'au pont qui mène au joli village d'Iznájar. ✎ *Plan E4*

5 Randonnée de la serranía de Ronda

À l'hôtel Molino del Santo du village de Benaoján Estación, descendez la colline et prenez à gauche le long de la voie ferrée. Traversez au deuxième passage à niveau. Le sentier part de l'autre côté de la rivière. Quand il se divise, tournez à gauche. La via Pecuaria mène dans Jimera de Líbar Estación. ✎ *Plan D5*

Sur la route de Nerja à Almería

6 Excursion de Nerja à Almería

Quand on la suit vers l'est depuis Nerja *(p. 27)*, la route du littoral offre des panoramas spectaculaires à l'approche de la ville d'Almería *(p. 111)*. ✎ *Plan E5* • *rte N340*

7 Excursion de Ronda à Jerez

Des *pueblos blancos (p. 96)*, dont Grazalema, Zahara et Arcos de la Frontera, jalonnent la route. Les ruines du théâtre romain de Ronda la Vieja, et le village d'Olvera, méritent un détour. ✎ *Plan C5* • *rte N342*

 Les sentiers fléchés portent le nom de senderos *en espagnol.*

8 Excursion de Tarifa à Cadix

Cette portion sauvage de la Costa de la Luz *(p. 98),* sur l'Atlantique, recèle d'immenses falaises, de très grandes dunes et quelques stations balnéaires éparpillées. Prenez le temps de découvrir les villages de Bolonia, qui abrite des ruines romaines, et de Vejer de la Frontera, très marqué par son héritage maure.
◈ *Plan C6 • rte N340*

9 Excursion de la vallée du Guadalquivir, province de Cordoue

Partant de la ville perchée de Montoro, à l'est de Cordoue, l'itinéraire suit le fleuve jusqu'à Palma del Río. À l'ouest de Cordoue, ne manquez pas Medina Azahara *(p. 119),* puis profitez de la vue offerte par les remparts du château d'Almodóvar del Rio. ◈ *Plan D3*

10 Excursion dans les Alpujarras, sierra Nevada

Dans une région réputée pour ses villages accrochés à flanc de montagne, démarrez de Lanjarón et prenez la direction de la ville de marché d'Órgiva.
En continuant à l'est parmi des paysages devenant plus arides, vous arriverez à Yegen, cadre de *South from Granada,* le récit autobiographique de Gerald Brenan *(p. 33).* ◈ *Plan F4*

Route de la sierra Nevada

Promenades en ville

1 Séville
Après avoir visité le centre, franchissez le puente de Isabel II pour pénétrer dans le quartier gitan de Triana *(p. 74-77).*

2 Grenade
Laissez le hasard guider vos pas dans le dédale de ruelles abruptes du quartier de l'Albaicín *(p. 12-13).*

3 Cordoue
Parcourez l'ancien quartier juif, puis rejoignez le puente Romano pour le coucher de soleil *(p. 18-21).*

4 Cadix
Partez de l'angle nord-est de la plaza de España pour faire le tour de la ville par le front de mer *(p. 22-23).*

5 Jerez
Aventurez-vous dans le barrio de Santiago, le quartier gitan *(p. 98).*

6 Ronda
Une fois franchi le puente Nuevo, tournez à gauche et visitez la vieille ville dans le sens des aiguilles d'une montre *(p. 24-25).*

7 Baeza
Depuis la plaza del Pópulo, partez dans le sens contraire des aiguilles d'une montre pour découvrir les principaux sites *(p. 28-29).*

8 Úbeda
Depuis le centre, rejoignez à l'ouest l'hospital de Santiago et la plaza de Toros *(p. 28-29).*

9 Málaga
Le quartier historique s'étend au nord du paseo del Parque *(p. 96).*

10 Antequera
Les rues bordées de bâtiments anciens se serrent au pied de l'Alcazaba *(p. 96).*

Gauche **Façade de la Maestranza** Droite **Archivo de las Indias**

10 Musées

1 Museo de Bellas Artes, Séville

Installé dans un ancien couvent, le musée des Beaux-Arts possède une riche collection de peintures espagnoles, par Velázquez, Zurbarán, Ribera, El Greco, Murillo, Valdés Leal et Vásquez notamment *(p. 75)*.

2 Archivo de las Indias, La Lonja, Séville

L'ancienne Bourse de commerce construite au XVIᵉ s. d'après des plans de Herrera abrite les archives espagnoles de la découverte et de la conquête du Nouveau Monde. Elles rassemblent 8 000 cartes et des millions de pages manuscrites. Une exposition constamment renouvelée présente certains des documents les plus intéressants *(p. 78)*.

Museo de Bellas Artes

3 Museo de la Maestranza, Séville

Un couloir des arènes, peut-être les plus réputées d'Espagne, est consacré au museo Taurino. Ses souvenirs liés à la tauromachie comprennent des *trajes de luces* (habits de lumière) portés par certains des matadors les plus chers au cœur des aficionados. Ils voisinent avec les inévitables trophées *(p. 78)*.

4 Museo de Cádiz

Le principal musée de Cadix occupe un palais néo-classique. Au rez-de-chaussée, l'exposition archéologique retrace une période allant de la préhistoire aux Wisigoths. La pinacothèque, au premier étage, possède pour fleuron un ensemble de neuf peintures par Zurbarán. La collection ethnologique du dernier niveau illustre des aspects des traditions locales, et comprend des marionnettes fabriquées pour les fêtes de village *(p. 23)*.

5 Museo del Bandolero, Ronda

Le musée du Brigand célèbre les bandits de grand chemin qui sévirent en Andalousie, tout particulièrement dans la serranía de Ronda. Ils exercèrent une véritable fascination au XIXᵉ s. sur certains écrivains romantiques qui les décrivirent comme des personnages insouciants vivant en communion avec la nature. Les explications, traduites en français, replacent le mythe dans une perspective plus réaliste. Outre des documents, les pièces exposées comprennent des armes *(p. 25)*.

6 Museo Arqueológico, Cordoue

Dans une demeure Renaissance du XVIᵉ s., organisée

Museo del Bandolero

autour de quatre patios et édifiée sur le site d'une villa romaine, des mosaïques, pièces d'orfèvrerie, sarcophages et sculptures, dont une statue du dieu perse Mithra, témoignent de l'importance qu'avait déjà la ville pendant l'Antiquité. Les objets d'art datant de la période musulmane incluent des braseros, des stucs, des céramiques et des bronzes. Certains proviennent de Medina Azahara *(p. 19)*.

7 Museo Municipal, Antequera

Le musée municipal d'une petite ville au riche passé culturel occupe un palais ducal du XVIIIᵉ s. dont la somptuosité éclipse nombre des pièces présentées. Il en est deux, toutefois, qui attirent le regard :

Museo Arqueológico, Cordoue

l'Éphèbe d'Antequera, un bronze romain du Iᵉʳ s. apr. J.-C. représentant peut-être Ganymède, l'échanson des dieux, et une effigie de saint François d'Assise sculptée dans le bois par le maître andalou du XVIIᵉ s. Pedro de Mena *(p. 96)*.

8 Museo Picasso, Málaga

Après plusieurs retards, l'un des plus grands musées consacrés à Picasso vient d'ouvrir dans la ville où il passa ses dix premières années. Il a bénéficié de la donation, par la belle-fille de l'artiste, Christine Ruiz-Picasso, et son fils Bernard, de 187 œuvres, dont des tableaux majeurs *(p. 96)*.

9 Museo Arqueológico Cueva de Siete Palacios, Almuñécar

Une grotte creusée dans la colline au Iᵉʳ s. av. J.-C. abrite une petite collection d'antiquités, entre autres phéniciennes, romaines et maures *(p. 110)*.

10 Museo Provincial y de Bellas Artes, Jaén

Le bâtiment date du début du XXᵉ s., mais incorpore un portail platéresque. Au rez-de-chaussée, de remarquables sculptures sur pierre ibères du Vᵉ s. av. J.-C., trouvées près de Porcuna, montrent de nettes influences grecques. Un sarcophage paléochrétien figure parmi les autres belles pièces archéologiques. Le premier étage est consacré aux beaux-arts *(p. 121)*.

Gauche **Façade du palacio de San Telmo par Figueroa** Droite **Portrait d'Alonso Cano**

Art et culture

1 Andrés de Vandelvira
Ce grand architecte (1509-1575) du Siècle d'or espagnol suivit toute l'évolution de la Renaissance en Andalousie, depuis le platheresque très ornementé jusqu'au style herrerien beaucoup plus austère. Il travailla principalement à Baeza et à Úbeda, qui lui doivent la majorité de leurs plus beaux monuments *(p. 28-29)*, et dessina les plans de la cathédrale de Jaén *(p. 41)*.

2 Francisco de Zurbarán
Cet artiste (1598-1664) né en Estrémadure vécut longtemps dans la région de Séville où il fit son apprentissage. Il s'illustra dans la peinture monastique et réalisa pour la chartreuse de Jerez un retable considéré comme une œuvre majeure. Plusieurs panneaux se trouvent au musée de Cadix *(p. 54)*.

Saint Luc devant le Christ, Zurbarán

3 Velázquez
Né à Séville, Diego Rodríguez de Silva y Velázquez (1599-1660) s'installa à Madrid en 1623 pour travailler à la cour. Considéré comme le plus grand peintre du Siècle d'or espagnol pour ses talents de coloriste, il s'illustra principalement dans le portrait et les scènes de genre. Les tableaux restés dans sa ville natale sont surtout des commandes religieuses.

4 Alonso Cano
La plupart des œuvres d'Alonso Cano (1601-1667) se trouvent à Grenade, sa ville natale. Lorsqu'il fut accusé du meurtre de sa femme, la cité s'engagea en effet à le protéger, s'il acceptait de ne travailler que pour elle. Ses statues polychromes et ses peintures religieuses se distinguent par leur lyrisme.

5 Bartolomé Esteban Murillo
Le peintre baroque (1618-1682) sévillan qui connut le plus de succès reçut de nombreuses commandes en Andalousie, souvent sur le thème de l'*Immaculée Conception*.

6 Pedro Roldán
Cet artiste baroque (1624-1699) joua de sa maîtrise de la peinture, de la sculpture et de l'architecture pour aboutir à des réalisations telles que le retable du maître-autel de l'hospital de la Caridad de Séville *(p. 78)*.

7 Leonardo de Figueroa
Figure majeure de l'architecture baroque en Andalousie, Figueroa (1650-1730) édifia à Séville l'hospital de los Venerables *(p. 76)*, le palacio de San Telmo et le museo de Bellas Artes *(p. 73)*.

8 Manuel de Falla
Ce natif de Cadix (1876-1946) composa un ballet, *L'Amour sorcier*, pour une danseuse de flamenco.

9 Pablo Picasso
Picasso (1881-1973) passa ses dix premières années à Málaga. La France devint son lieu de résidence à partir de 1909, mais son pays natal et des traditions comme la corrida marquèrent toute son œuvre.

10 Federico García Lorca
Poète et dramaturge né à Grenade, Federico García Lorca (1898-1936) exprima son amour de l'Andalousie dans des œuvres comme *Poème du cante jondo* et *Romancero gitan*. Homosexuel et socialiste, il périt sous les balles des troupes nationalistes au début de la guerre civile.

Portrait de Federico García Lorca

Écrivains en Andalousie

1 Lord Byron
Le poète romantique anglais exprima sa fascination pour l'Andalousie dans son *Don Juan* (1819).

2 Chateaubriand
En 1826, l'auteur français publia le roman *Le Dernier Abencerrage*.

3 Washington Irving
L'écrivain américain vécut à Grenade. *Contes de l'Alhambra* parut en 1832.

4 Théophile Gautier
Son *Voyage en Espagne* (1841) offre une description lucide de la région.

5 Estébanez Calderón
Né à Málaga, il fit le premier récit d'une fête gitane dans *Scènes andalouses* (1847).

6 Opéras
Le Mariage de Figaro (1786, Mozart), *Le Barbier de Séville* (1816, Rossini) et *Carmen* (1875, Bizet) ont tous trois l'Andalousie pour cadre.

7 Manuel Machado
La passion pour l'Andalousie de ce poète né à Séville transparaît dans des œuvres comme *Cante Jondo*.

8 Dalí et Buñuel
Les deux créateurs surréalistes tournèrent *Un chien andalou* en 1928.

9 Ernest Hemingway
Correspondant de presse en Espagne pendant la guerre civile, il nourrit *Pour qui sonne le glas* (1940) de ses expériences en Andalousie.

10 Salman Rushdie
Boabdil, ultime souverain musulman de Grenade, lui inspira *Le Dernier soupir du Maure* (1995).

Gauche **Spectacle de flamenco** Centre **Luthier** Droite **Habitat troglodytique**

Culture gitane

1 Origines
Les gitans arrivèrent en Europe de l'Est au XIVe s. et atteignirent l'Andalousie au XVe s. L'étude linguistique de leur langage révèle une parenté avec d'anciens dialectes de l'Inde du Nord. Les raisons de leur migration restent méconnues, mais pourraient avoir un rapport avec la conquête musulmane de cette région à l'époque.

2 Histoire
Bien qu'ils soient toujours restés des marginaux, les gitans trouvèrent en Andalousie un contexte dont ils se sentaient plus proches qu'aucun autre en Europe. La reconquête chrétienne contraignit toutefois ceux que l'on accusait de paganisme à se terrer ou à reprendre leur errance.

3 Musique
Heureusement pour la culture andalouse, beaucoup de gitans restèrent. Ils développèrent une forme musicale spécifique mariant leurs propres traditions et des influences arabes, juives et byzantines : le flamenco, dont le chant, comme le blues des Noirs américains, exprime avec force et émotion la souffrance des déshérités. Le mot lui-même dérive probablement de l'arabe *felag mengu* (paysan fugitif), une épithète que se donnaient les gitans andalous au XIXe s.

4 Danse
Il existe des ressemblances évidentes entre la danse flamenco et des danses du Moyen-Orient et d'Afrique du Nord, mais les rythmes vifs tapés du pied, et les gestes des mains qui les accompagnent, rappellent la tradition kathak de l'Inde du Nord.

5 Guitare
La guitare flamenco se distingue de la guitare classique en ce qu'elle est plus légère et plus plate, avec des cordes plus proches des frettes pour faciliter les passages rapides. Elle possède une table de protection renforcée permettant au musicien de battre des rythmes.

Chanteurs gitans

6 Grands noms du flamenco
Les chanteurs El Fillo et La Niña de los Peines, le guitariste Paco de Lucía et les danseuses La Macarrona et La Argentina ont fait progresser leur art.

7 Sévillane
Danse populaire dans tout le pays, la sévillane a évolué selon des voies proches du flamenco.

8 Équitation
Les cavaliers andalous jouissent d'une haute réputation. Leur forme de monte, basée sur une étroite communication entre l'homme et sa monture, se distingue du dressage en vigueur dans le nord de l'Europe par la légèreté de la tension exercée sur les rênes.

Cavalier gitan

9 Habitats troglodytiques
Victimes d'ostracisme, les gitans aménagèrent des cavernes en habitations. À Grenade, ils s'installèrent dans des grottes creusées dans la colline crayeuse du Sacromonte. Beaucoup abritent aujourd'hui des *tablaos* (clubs de flamenco).

10 Représentations
Traditionnellement, le flamenco, célébration et expression spontanées, n'est pas destiné à un public. Bien qu'il ait évolué pour devenir une forme de spectacle, dont les représentations sont en général programmées à heure fixe, il arrive encore que le *duende* (la magie) s'installe.

Où voir du flamenco

1 La Taberna Flamenca, Jerez
Des spectacles flamboyants.
🟢 Callejón Angostillo de Santiago • plan B5
• représentations 22h-22h30

2 La Bulería, Jerez
Ce *tablao* porte le nom d'un festival de flamenco organisé en septembre.
🟢 C/Mariñiguez 15 • plan B5

3 Sanlúcar de Barrameda
La Feria de Flamenco a lieu en juillet. 🟢 Plan B5

4 Juan Villar, Cadix
Une adresse authentique.
🟢 Paseo Fernando Quiñones, Puerta la Caleta • plan B5
• ouv. mar.-dim.

5 Peña de Juan Breva, Málaga
Un musée accueille des spectacles hebdomadaires.
🟢 Calle Picador 2 • plan R4
• représentations ven. 23h

6 Casa de la Memoria de al-Andalus, Séville
Un autre musée (p. 83).

7 Tablao Flamenco Cardenal, Cordoue
Un grand respect de la tradition. 🟢 C/Torrijos 10
• plan D3 • ouv. lun.-sam.

8 Bar Los Faroles, Grenade
Ambiance détendue dans une grotte. 🟢 Barranco de los Negros 1 • plan F4

9 La Peña Platería, Granada
L'un des plus vieux clubs de flamenco. 🟢 Placeta de Toqueros 7 • plan R2 •
Représentations ven.-sam. 23h

10 Peña El Taranto, Almería
Ce lieu porte le nom d'une danse née dans la province.
🟢 Plaza Flores 2 • plan G4

La Peña Platería est un tablao privé, mais qui organise parfois des représentations publiques : 958 21 06 50.

Gauche **Carnaval, Cadix** Droite **Feria de Abril, Séville**

🔟 Fêtes religieuses et profanes

1 Fiesta de los Reyes Magos
La fête commémore l'arrivée des Rois mages à la crèche. Dans toute la région, le trio défile en procession dans des chars tirés par des tracteurs ou des chevaux. Le lendemain, jour de l'Épiphanie, les enfants reçoivent des cadeaux. ✎ *5 janv.*

2 Carnaval
La période entre l'Épiphanie et Mardi gras donne lieu à des réjouissances profanes, défilés et bals costumés, partout en Andalousie. Les plus fervents ont lieu à Cadix, seule ville espagnole où Franco ne parvint pas à interdire cette fête dont le rejet implicite des contraintes et des règles favorise les expressions contestataires *(p. 23)*. ✎ *fév.*

3 Semana Santa
Jusque dans le plus petit village, des processions ponctuent la Semaine sainte. Les plus spectaculaires ont lieu à Séville. Des cortèges de pénitents et de fidèles, certains

Procession de la Semana Santa

en costumes traditionnels, accompagnent à travers la ville des plates-formes portant des représentations de la Vierge, du Christ ou de scènes de la Passion *(p. 15)*. ✎ *Semaine de Pâques*

4 Fête-Dieu
À Grenade, une procession, des concerts, des bals, des concours musicaux et littéraires et des courses de taureaux marquent la célébration du saint sacrement. À Séville, de jeunes garçons dansent dans la cathédrale en costumes du XVIIe s. Dans de nombreuses localités, les fidèles défilent dans les rues derrière des ostensoirs processionnels. ✎ *du 2e mer apr la Pentecôte au dim.*

5 Romerías
Chaque localité d'Andalousie, pratiquement, possède son pèlerinage, marqué par une procession colorée jusqu'à un sanctuaire de campagne. Il fournit le prétexte à plusieurs jours de réjouissances. Le plus important, à El Rocío, réunit des centaines de milliers de personnes *(p. 31)*. ✎ *mai-oct.*

6 Fiesta de las Cruces
La fête des Croix célèbre la découverte légendaire de la croix où périt le Christ par sainte Hélène au IVe s. Elle prend des formes très variées, mais inclut souvent la fabrication d'une croix fleurie. ✎ *3 mai*

Romería

7 San Juan
Des rituels païens organisés jadis au solstice d'été subsistent aujourd'hui les feux de joie et d'artifice allumés pour la Saint-Jean. ◎ *23 et 24 juin*

8 Virgen del Carmel
La vénération de la Vierge du Carmel, considérée comme la protectrice des marins, donne lieu dans les communautés de pêcheurs à une procession sur l'eau. Un bateau porte une statue de la mère du Christ pour une cérémonie de bénédiction des flots. ◎ *15 et 16 juil.*

9 Assomption
Pour la principale fête catholique du mois d'août, des réjouissances plus profanes prolongent les cérémonies religieuses. À Málaga commence une semaine de *feria*. ◎ *15 août*

10 Fiesta de San Miguel
De nombreuses villes, dont Úbeda et Séville, organisent à la Saint-Michel des manifestations aussi diverses que des courses de taureaux, des bals et des expositions. À Torremolinos, la fête conclut la saison d'été. À Grenade, les gitans participent à une *romería*. ◎ *der. sem. de sept.-1re sem. d'oct.*

Ferías et autres manifestations

1 Festivals de flamenco
Ils ont lieu en été dans toute la région.

2 Moros y Cristianos
Plusieurs villes, à différents moments de l'année, proposent des reconstitutions de leur reconquête par les chrétiens.

3 Feria de Abril
La plus grande *feria* d'Espagne se déroule à Séville deux semaines après Pâques *(p. 76)*.

4 Feria del Caballo
Jerez de la Frontera célèbre le cheval. ◎ *mai*

5 Festivals de danse et de musique
Grenade organise le plus réputé fin juin-début juillet.

6 Fêtes du vin
Elles commencent en avril et s'arrêtent en septembre, aux vendanges *(vendimia)*.

7 Fêtes du xérès
Jerez et le « triangle du xérès » rendent plusieurs hommages au capiteux élixir *(p. 98)*. ◎ *sept.-oct.*

8 Feria de Jamón
À l'époque où elle avait traditionnellement lieu, la *matanza* (abattage du porc) est devenue le prétexte à des réjouissances, notamment à Trevélez. ◎ *15 août*

9 Fiesta de la Aceituna
Martos, dans la province de Jaén, célèbre l'olive. ◎ *1re sem. de déc.*

10 Fiesta de los Verdiales
À Puerta de la Torre, dans la province de Málaga, une fête datant de la domination maure donne toujours l'occasion de faire des blagues et de porter de drôles de chapeaux. ◎ *28 déc.*

Andalousie Top 10

Gauche **SeaLife** Droite **Mini Hollywood**

🔟 Avec des enfants

1 Muelle de las Carabelas, la Rábida, province de Huelva

Au « quai des caravelles », montez à bord des répliques de la *Niña*, de la *Pinta* et de la *Santa María*, vous vous sentirez prêt à lever l'ancre, comme Christophe Colomb, pour partir découvrir l'Amérique. Vous verrez aussi la reconstitution d'un village européen du XVe s. *(p. 89)*.
🌐 *Paraje de la Rábida • plan A4 • ouv. été : mar.-ven. 10h-14h et 17h-21h , sam.-dim. 11h-20h ; hiver : mar.-dim. 10h-19h • EP*

2 Parque Zoológico, Jerez

Ce zoo possède des pensionnaires exotiques comme des tigres blancs, des pandas rouges et des ibis, mais est aussi un centre de soins et de convalescence pour des animaux blessés appartenant souvent à des espèces menacées. Il offre ainsi une chance de contempler le lynx pardelle devenu très rare dans la nature *(p. 46)*.

3 Isla Mágica, Séville

Ce parc de loisirs aménagé sur une partie du site d'Expo' 92 s'adresse à tous. Il évoque les aventures des explorateurs qui partirent de Séville au XVIe s. Les attractions portent des noms comme El Jaguar, Anaconda et Rapidos del Orinoco. 🌐 *Pabellón España, isla de Cartuja • plan J1 • ouv. avr.-juin : lun.-ven. 11h-19h, sam.-dim. 11h-22h ; juil.-août : t.l.j. 11h-24h ; sept.-oct. : sam.-dim 11h-21h • EP*

4 Carromato de Max, Mijas

Ce musée de miniatures présente une curieuse collection comportant une reproduction de *La Cène* de Léonard de Vinci sur un grain de riz, des puces habillées de pied en cap et un buste de Churchill sculpté dans un bâton de craie.
🌐 *Avda del Compás • plan D5 • ouv. été : t.l.j. 10h-22h ; hiver t.l.j. 10h-19h • EP*

5 Tívoli World, Benalmádena

Le prix d'entrée permet d'assister sans supplément à différents spectacles, entre autres sur la « place andalouse » et la « place western ». Un forfait baptisé « supertívolino » donne un accès illimité à plus de trente attractions foraines pour lesquelles on peut aussi acheter des tickets individuels. 🌐 *Avda de Tívoli • plan D5 • ouv. Pâques-mai, 17 sept.-oct. : t.l.j. 16h-1h ; juin, 1-16 sept. : t.l.j. 17h-2h ; juil.-août : t.l.j. 18h-3h ; nov.-Pâques : sam.-dim. 13h-22h • EP*

Tívoli World

Informations pratiques avec des enfants p. 135

6 SeaLife, Benalmádena

Contempler des requins, des hippocampes, des phoques, des tortues ou des araignées de mer est toujours une merveilleuse expérience pour des enfants. Ils adoreront aussi le bassin des raies, l'hôpital marin et la cité submergée de l'Atlantide.  *Puerto Deportivo de Benalmádena • plan D5 • ouv. juin : t.l.j. 10h-20h ; juil.-août : t.l.j. 10h-24h ; sept.-mai : t.l.j. 10h-18h • EP*

7 Cuevas de Nerja

Mises en valeur par des éclairages évocateurs, les concrétions calcaires de ces grottes découvertes en 1959 ont mis des millions d'années à se former. La colonne centrale de la « salle du cataclysme » est la plus haute du monde. *Ctra Maro • plan E5 • ouv. t.l.j. 10h-14h et 16h-18h30 (jusqu'à 20h30 en juil.-août) • EP*

Cuevas de Nerja

8 Aquatropic, Almuñécar

Ce parc aquatique de la Costa del Sol propose des attractions aux noms tels que « kamikase », « le lac de la cascade » ou « les rapides du trou noir », ainsi qu'un bassin réservé aux plus petits. *Playa de Velilla • plan F5 • ouv. juin, sept. : t.l.j. 11h-18h ; juil.-août : t.l.j. 11h-19h30 • EP*

9 Mini Hollywood, Almería

Dans un décor qui servit au tournage de westerns « spaghettis », la poudre parle encore tous les jours *(p. 111)*

10 Parque Acuático Aquavera, Vera

D'une superficie de 70 000 m², ce parc aquatique arboré offre à tous les membres de la famille un cadre plaisant où se rafraîchir et s'amuser grâce à ses cinq bassins de tailles diverses et à son « labyrinthe de toboggans ». *Ctra Vera/Garrucha-Villaricos • plan H4 • ouv. 10 mai-juin, 1-17 sept. : t.l.j. 11h-18h ; juil.-août : t.l.j. 10h30-19h30 • EP*

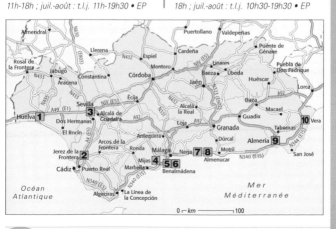

Gauche **Atelier de taracea, Grenade** Droite **Céramiques**

Qu'acheter en Andalousie

1 Poterie de Grenade
Avec des motifs turquoise et bleu de cobalt sur fond blanc, la céramique traditionnelle la plus connue d'Andalousie célèbre la grenade, symbole de la ville du même nom.

2 Taracea de Grenade
Cette marqueterie typique née aux XIVe et XVe s. pare les objets les plus modestes d'incrustations de bois coloré, et les plus beaux, d'os, de nacre, d'ambre et de marbre.

3 Artisanats marocains
Dans le quartier de l'Albaicín, à Grenade *(p. 12-13)*, vous trouverez babouches, robes brodées, services à thé et céramiques d'Afrique du Nord.

4 Flamenco et accessoires traditionnels
Participer à une *romería (p. 60)* ou une autre fête locale constitue un excellent prétexte pour s'offrir une robe à volants, une mantille, un éventail ou un

Éventails traditionnels espagnols

gilet andalou. Si vous ne tenez pas absolument à des matériaux nobles comme la soie ou l'ivoire, il en existe de très abordables, parfois fabriqués en Chine. Pour les musiciens frustrés à l'idée de rentrer à la maison avec de simples castagnettes, la région compte de nombreux luthiers *(voir ci-dessous)*.

5 Filigranes d'argent et d'or
La tradition du filigrane de Grenade et Cordoue tire ses origines de l'époque où les mines andalouses alimentaient la Méditerranée en or et en argent. L'ornementation des broches, des colliers et des boucles d'oreilles reprend souvent des motifs géométriques issus de l'art musulman, mais s'inspire aussi de la nature, avec des insectes, des oiseaux ou des lézards incrustés de pierres précieuses.

6 Travail du bois
La province de Cadix est réputée pour ses meubles en acajou de grande qualité, tandis que Ronda entretient une tradition plus rustique. Dans la province de Grenade, des artisans continuent de travailler le bois dans un style mudéjar à Capileira, et Renaissance à Baza. Des luthiers fabriquent des guitares renommées dans les villes de Grenade, Cordoue et Séville, mais aussi à Algodonales (province de Cadix) et à Marmolejo (province de Jaén).

Les vendeurs des éventaires d'artisanat des marchés s'attendent à ce que le client marchande.

7 Objets en métal

Les spécialités andalouses dans ce domaine comprennent les lampes en fer blanc d'Úbeda, les grilles en fer forgé d'Arcos de la Frontera et de Torredonjimeno, les clarines de Cortegana et la serrurerie artisanale d'Estepona et Cártama.

8 Cuir

Les principales villes abritant des ateliers de fabrication de sacs, ceintures, gants, vestes et blousons incluent Jerez de la Frontera, Almodóvar del Río, Almonte et Ubrique. Les articles en cuir repoussé restent une spécialité de Cordoue. Dans la province de Huelva, essayez Montoro pour des chaussures faites main, et Valverde pour des bottes.

Sac en cuir

9 Céramique

Il existe presque autant de styles traditionnels que de villes. Úbeda entretient une tradition remontant aux Maures *(p. 122)*. Les conquérants musulmans de l'Andalousie ont introduit l'usage en architecture des carreaux émaillés appelés azulejos, mais leurs motifs sont aujourd'hui, le plus souvent, issus de l'imagerie figurative chrétienne.

10 Tissage et vannerie

Des artisans continuent de tresser l'osier à Almería, à Níjar, à Jerez, à Lanjarón et à Jaén. Les *jarapas* (tapis et couvertures tissés main) d'Arcos de la Frontera et Grazalema, de la région des Alpujarras et de la province de Jaén bénéficient d'un savoir-faire séculaire.

Produits alimentaires

1 Poisson et crustacés

Le choix est vaste dans une région bordée par la Méditerranée et l'Atlantique.

2 Olives

Très présente dans la cuisine andalouse sous forme d'huile, l'olive, marinée ou farcie, sert aussi à la préparation d'amuse-gueules.

3 Raisin

La culture de la vigne a une origine aussi ancienne que celle de l'olivier dans le bassin méditerranéen.

4 Aromates

Le cumin, la cannelle, la coriandre et le safran des Maures ont complété l'ail introduit par les Romains.

5 Jambon

Jabugo et Trevélez produisent les plus réputés.

6 Fruits

Les amandes entrent dans la préparation de desserts. Anone, figue, grenade et kaki comptent parmi les fruits les plus typiques.

7 Viande

Le *cordero* (agneau), mais aussi la *cabra* (chèvre), servent de base à de nombreuses recettes. Le *rabo de toro* (queue de bœuf) est une spécialité locale.

8 Gibier

En montagne, les restaurants mettent à leur carte lièvre, sanglier, caille, pigeon et perdrix.

9 Légumes

Les Maures ont introduit l'artichaut et l'asperge. La pomme de terre et la tomate vinrent du Nouveau Monde.

10 Fromages

La plupart des fromages locaux sont de lait de chèvre ou de brebis.

Gauche **Bodegas Gomara** Droite **Cave mauresque, Pedro Domecq**

🔟 Bodegas et bars à vins

1 Pedro Domecq
Fondée en 1730, la marque de xérès sans doute la plus prestigieuse doit ses titres de noblesse à une famille originaire du Béarn. Une visite de Jerez ne saurait être complète sans celle de sa cave « de la Ina » qui abrite une forêt de colonnes *(p. 98)*. ✆ *C/San Ildefonso 3, Jerez • plan B5 • 956 15 15 00 • visites guidées lun.-ven. 10h, 11h, 12h, 13h • EP*

2 González-Byass
Alors que la plupart des principaux producteurs de xérès sont passés sous le contrôle de multinationales britanniques, González-Byass, créée en 1835, reste une entreprise familiale. Gustave Eiffel dessina l'une de ses deux caves historiques. La salle de dégustation est également d'origine. ✆ *C/Manuel María González 12, Jerez • plan B5 • 956 35 70 16 • visites guidées lun.-sam. 9h30-20h, dim. 10h-14h • EP*

Cave de González-Byass

3 Sandeman
La création du Don à la silhouette caractéristique, avec son ample cape portugaise et son chapeau espagnol à large bord, l'une des toutes premières images de marque, date de 1928, mais la fondation de la société, à Londres, remonte à 1790. La visite comprend une dégustation. ✆ *C/Pizarro 10, Jerez • plan B5 • 956 15 17 00 • visites guidées lun.-ven. 10h30-14h30 • EP*

4 Osborne Bodega
Les grands taureaux noirs dressés au bord des routes d'Espagne depuis 1957 pour faire la publicité de la marque ont fini par devenir un symbole, controversé, du pays. ✆ *El Puerto de Santa María • plan B5 • 956 86 91 00 • ouv. lun.-ven. 10h-12h • EP*

5 Bodegas Alvear, Montilla
Les vins d'appellation Montilla-Moriles, une région au climat continental souvent très chaud, ressemblent aux xérès. Certains vieillissent dans des tonneaux, d'autres dans des *tinajas*, grandes jarres enterrées pour garder leur contenu à température constante *(p. 120)*.

6 Bodegas Robles, Montilla
Ce producteur biologique reste fidèle au système des *soleras*, une pyramide de barriques permettant de mêler le vin jeune à des crus plus anciens. ✆ *Ctra. Córdoba-Málaga km. 447 • plan D3 • 957 65 00 63 • sur r.d.v.*

Bodega *signifie cave à vin en espagnol.*

7 Bodega El Pimpi, Málaga

Ce bar à vin propose non seulement les grands crus andalous, mais aussi une bonne sélection de la production d'autres régions d'Espagne comme la Ribera del Duero. Les *tapas* sont délicieuses. ⊗ *C/Granada • Plan R5 • Ouv. t.l.j.*

8 Bodegas Gomara

Ce domaine viticole fondé en 1963 vend, entre autres dans des bouteilles, souvenirs en forme de matador ou de guitare, du malaga classique, ainsi qu'un fino pâle et sec. ⊗ *C/Lima 6, Málaga • Plan E5 • 952 34 20 75*

Vigneron andalou

9 Bodegas Andrade

Cette entreprise familiale a été la première à percevoir le potentiel du cépage zalema pour l'élaboration de vins blancs à boire jeunes. ⊗ *Avda Coronación, 35, Bollullos Par del Contado, Huelva • plan A4 • 959 41 01 06*

10 Cooperativa Nuestra Señora del Rocío

Cette coopérative a poussé plus loin encore les possibilités offertes par la zalema et produit dans des cuves de fermentation souterraines le seul mousseux d'Andalousie, le raigal. ⊗ *Almonte, Huelva • plan B4 • 959 40 61 03*

Xérès et autres vins

1 Fino

Léger, pâle et sec, le fino aux arômes d'amande fait un excellent apéritif.

2 Manzanilla

Proche du fino et légèrement salé, le manzanilla provient de la région de Sanlúcar de Barrameda.

3 Oloroso

L'oloroso riche en bouquet subit une oxydation partielle lors de son exposition à l'air sous une fleur (levure) moins épaisse que pour un fino.

4 Amontillado

Entre fino et oloroso, l'amontillado doit sa couleur plus sombre à la fleur qui a déposé au fond du fût.

5 Palo cortado

L'arôme évoque l'amontillado, et la couleur plutôt l'oloroso.

6 Cream sherry

Cette version douce très appréciée des Anglais associe de l'oloroso et du pedro ximénez.

7 Pedro ximénez

Ce vin naturellement liquoreux possède une robe rouge sombre et des arômes de pruneau.

8 Brandy de Jerez

Obtenu en faisant vieillir de l'eau-de-vie de vin dans des tonneaux ayant servi au mûrissement du xérès, ce spiritueux a un nez plus caramélisé que le cognac.

9 Málaga

Ces vins doux issus des cépages pedro ximénez et moscatel se boivent en apéritif et au dessert.

10 Raigal

Le seul mousseux de la région laisse en bouche une sensation rafraîchissante.

Gauche **Tortilla española** Droite **Soupe de poisson**

Cuisine andalouse

1 Gazpacho
Il existe des douzaines de variations locales de cette soupe froide à base de tomate, de poivron vert, de concombre, d'ail, d'huile d'olive et de vinaigre ou de jus de citron. Elles peuvent inclure amandes, raisin, melon, poivron rouge, œuf dur ou copeaux de jambon.

Gazpacho

2 Tortilla española et patatas bravas
Ces deux plats extrêmement répandus, non seulement en Andalousie, mais dans toute l'Espagne, consistent, pour le premier, en une épaisse omelette aux pommes de terre et aux oignons, et pour le second, en des pommes de terre sautées en sauce tomate épicée.

3 Soupes de poisson
L'éventail de *sopas de mariscos* ou *de pescado* (fruits de mer ou poisson) semble n'avoir d'autres limites que celles de l'imagination des cuisiniers. À Málaga, du xérès parfume la *sopa viña* et de l'orange amère la *cachoreñas*. Les spécialités de Cadix comprennent les ragoût appelés *guisos marineros*.

4 Calamares
Tout le long de la côte, on peut déguster de petits encornets simplement grillés, une recette aussi simple que délicieuse. Les restaurants servent plutôt le calmar en beignet. Une *fritura de pescado* ou *fritura mixta* comprendra d'autres produits du jour tels qu'anchois, crevettes, moules ou cubes de morue.

Calamares

5 Rape
Grillée ou en sauce, le plus souvent à la tomate, la lotte *(rape)* compte parmi les poissons les plus fins à déguster en Andalousie.

6 Arroza a la Marinera
Parfumé au safran, le risotto à la marinière, aussi appelé *arroz con mariscos* (risotto aux fruits de mer), peut intégrer du poisson dans sa garniture, en complément des crevettes, des lamelles de calmar et des coquillages qui la composent normalement. Sauf exception, toutefois, il n'inclut pas de poulet et de chorizo comme la paella, qui est une spécialité gastronomique valencienne, même s'il apparaît sous ce nom plus connu des étrangers à la carte de certains restaurants de la région.

Le choix offert aux végétariens, et plus encore aux végétaliens, se résume souvent à des salades dans les restaurants andalous.

Arroza a la Marinera

7 Salades
Les *ensaladas* servies en Andalousie associent, selon les saisons, des ingrédients très variés tels que laitue, tomate, asperge, œuf dur, thon, artichaut, olives et oignon frais. Vous pouvez demander à ce que certains soient enlevés quand vous passez la commande.

8 Valle de los Pedroches
Typique des productions de la région avec son goût marqué, ce fromage de brebis de la province de Cordoue est conservé dans de l'huile d'olive où macèrent des herbes aromatiques.

9 Pâtisserie
Anis, sésame, amandes et cannelle donnent aux gâteaux et aux biscuits traditionnels des saveurs qui évoquent le monde musulman, et beaucoup doivent leur douceur à du miel plutôt qu'à du sucre. Parmi les plus typiques figurent les *alfajores*, sortes de macarons au miel et aux amandes, et les *piononos* imbibés de liqueur.

10 Tocino de Cielo
Préparé par des nonnes de Jerez de la Frontera et de villes de la province de Cadix, ce flan nappé de caramel porte un nom qui signifie « lard du ciel ».

Boissons

1 Xérès
La province de Cadix produit le vin le plus célèbre d'Andalousie *(p. 67)*.

2 Spiritueux
De l'eau-de-vie *(aguardiente)* est distillée dans les provinces de Cadix, de Cordoue et de Huelva.

3 Vin
Moscatel et pedro ximénez donnent sa douceur au málaga, tandis que la zalema domine dans la région de Condado de Huelva.

4 Bière
Une blonde locale, la Cruz Campo, compte parmi les bonnes *cervezas* espagnoles.

5 Anisettes
Cazalla de la Sierra, dans la province de Séville, et Montilla, dans la province de Cordoue, sont réputées pour leurs eaux-de-vie et leurs liqueurs à base d'anis.

6 Sangría
Des morceaux de fruits et du cognac parfument du vin rouge sucré.

7 Café
Les Espagnols boivent le café *solo* (noir), *cortado* (crème) ou *con leche* (au lait).

8 Thé à la menthe
Les ouvertures de *teterías* (cafés arabes) servant du thé vert à la menthe se multiplient *(p. 116)*.

9 Rafraîchissements
Les *refrescos* comprennent les *granizados* (du sorbet pilé), les *batidos* (milk-shakes) et l'*horchata* issue d'un tubercule appelé chufa.

10 Eaux minérales
Plates *(sin gas)* ou gazeuses *(con gas)*, les meilleures eaux de source viennent de Lanjáron.

Andalousie Top 10

Pour commander une bière à la pression, demandez una caña.

Gauche **Anchoas** Droite **Aceitunas**

Tapas

1 Aceitunas

Petites ou grosses, vertes ou noires, salées ou douces, garnies ou non, les olives prennent d'innombrables formes. Leur nom espagnol provient de l'arabe *az-zait*, qui signifie « jus de l'olive », mais celui de l'arbre sur lequel elles poussent, *olivo*, a une origine latine.

2 Chorizo

Cette saucisse sèche de viande de porc ou de bœuf, parfumée au paprika et à l'ail, et plus ou moins pimentée, est servie grillée ou cuite au vin *(al vino)*. Elle entre aussi dans des recettes comme la paella. Le boudin *(morcilla)* reste un classique en zones rurales.

3 Jamón serrano

Les *tapas* sont apparues en Andalousie où les serveurs couvraient les verres de xérès d'une soucoupe ou d'un couvercle *(tapa)* pour les protéger des mouches. On prit l'habitude d'ajouter un

Jamón Serrano

amuse-gueule pour accompagner la boisson, notamment du jambon. Le plus apprécié en Espagne est séché à l'air de montagne *(serrano)*. Le *jamón York* est du jambon cuit.

4 Ensaladilla rusa

Liée par une épaisse mayonnaise, la « salade russe » associe normalement du thon, des crevettes, des pommes de terre, des carottes et des petits pois. Les végétariens ont intérêt à vérifier qu'elle ne contient pas aussi des cubes de jambon.

5 Mariscos

Berberechos (coques), *almejas* (clovisses), *mejillones* (moules), *pulpo* (poulpe), *sepia* (seiche) et *zamburiñas* (noix de pétoncle) entrent dans la préparation de délicieux amuse-gueules, dont le *salpicón de mariscos* assaisonné avec une vinaigrette parfumée à l'oignon et au poivron rouge. Les Espagnols cuisinent les *caracoles* (escargots) à l'ail.

6 Champiñones al ajillo

Outre les champignons sautés à l'ail, les plats classiques à base de légumes comprennent des *judias* (haricots verts) à la tomate et à l'ail, les *escalibadas* (aubergines) en salade avec des poivrons verts et l'*ensalada de pimientos rojos,* salade de tomates et de poivrons rouges arrosés de leur jus de cuisson, d'huile d'olive et de vinaigre.

Autrefois gratuites, les tapas *sont désormais presque toujours payantes, même dégustées au comptoir.*

7 Anchoas et boquerones
Revenus, marinés ou en sauce tomate, anchois et sardines sont généralement servis en filets, ou avec leur arête mais sans la tête.

8 Croquetas
Les croquettes sont des boulettes de purée de pommes de terre mélangée à de la viande ou du poisson, roulées dans la panure et frites. Les beignets *(buñuelos* ou *soldaditos)* les plus fréquents sont à base de poulet, de légumes ou de poisson.

9 Albóndigas et banderillas
Une sauce à la tomate et à l'ail nappe les boulettes de viande ou de poisson appelées *albóndigas*. Les *banderillas* sont de petites brochettes associant des ingrédients très variés tels que poisson mariné, olives, légumes, œuf dur ou crevettes, mais destinés à être mangés en même temps afin d'apprécier le mélange de saveurs.

Albóndigas

10 Alioli et pipirrana
Les Espagnols n'apprécient pas l'aïoli (mayonnaise à l'ail) uniquement comme condiment accompagnant un plat, mais aussi servi seul pour y tremper du pain, comme dans la *pipirrana,* compote de tomates, d'oignons et de poivrons.

Styles de préparation

1 Au vinaigre
Cornichons, petits oignons, ail et piments au vinaigre accompagnent parfois les olives.

2 Marinade
Vous verrez exposés sur les comptoirs des sardines, des anchois et des fruits de mer en train de mariner.

3 Affinage
Après avoir été légèrement salés, les jambons les plus réputés d'Andalousie sèchent à l'air pur des montagnes.

4 En mayonnaise
La mayonnaise assaisonne souvent l'*ensaladilla*. Aillée, elle entre dans des plats comme les *patatas alioli*.

5 Sur du pain
Beaucoup de *tapas* sont à manger avec du pain, même sans être présentées sur une tranche.

6 À base d'œufs
La *tortilla* (p. 68) est proposée froide et en tranche, l'œuf dur sert de garniture.

7 Friture
Du poisson aux champignons, les Espagnols cuisinent tout en friture *(frito),* d'habitude après passage dans une panure.

8 Grillé ou rôti
Un plat *a la plancha* (grillé) ou *asado* (rôti) se révèlera plus diététique.

9 À l'étouffée
Une sauce tomate accompagne en général les poissons, viandes, pommes de terre et légumes *estofado*.

10 A la Marinera
Poissons et fruits de mer à la marinière cuisent dans du vin blanc assaisonné d'ail et de persil.

Les tapas *accompagnent particulièrement bien le xérès fino, mais beaucoup d'Espagnols les dégustent aussi en buvant de la bière.*

VISITER
L'ANDALOUSIE

Séville
74-85

Provinces de
Séville et de Huelva
86-93

Provinces de
Málaga et de Cadix
94-107

Provinces de
Grenade et d'Almería
108-117

Provinces de
Cordoue et de Jaén
118-123

ANDALOUSIE TOP 10

Gauche **Cour du museo de Bellas Artes** Droite **Enseigne en azulejos, fábrica Real de Tabacos**

Séville

La capitale de l'Andalousie possède une atmosphère à la fois aristocratique et détendue. Son histoire s'ancre dans le mythe, puisqu'elle devrait sa fondation à Hercule, et son destin a de tout temps été lié aux échanges qu'a permis le fleuve qui la traverse : le río Guadalquivir (« la grande rivière » en arabe). Sur sa rive s'étend aujourd'hui une longue promenade arborée. Une découverte approfondie du patrimoine culturel, architectural et humain de Séville, dont le centre comporte plusieurs quartiers aux personnalités distinctes, demande au moins une semaine. Un week-end suffit néanmoins pour visiter les sites les plus importants, qui se trouvent tous dans un périmètre aisé à parcourir à pied. Ils comprennent la cathédrale, les Reales Alcázares, des palais princiers et deux grands musées.

Cathédrale de Séville

Les sites

1 Cathédrale et Giralda
2 Reales Alcázares
3 Casa de Pilatos
4 Museo de Bellas Artes
5 Fábrica Real de Tabacos
6 Ayuntamiento
7 Plaza de España
8 Museo Arqueológico
9 Torre del Oro et torre de Plata
10 Cartuja de Santa María de las Cuevas

Visiter l'Andalousie – Séville

0 mètres 600

1 Cathédrale et Giralda
Les Sévillans, au début du xve s., se fixèrent pour but de bâtir une « église si grande que ceux qui la verront nous prendront pour des fous ». Ils réussirent à construire la cathédrale la plus importante en volume du monde. Le minaret de la mosquée dont elle occupe le site devint son clocher : la Giralda *(p. 14-15)*.

2 Reales Alcázares
Le vaste complexe de l'Alcázar doit beaucoup à Pierre Ier qui s'y fit construire un splendide palais mudéjar où il abrita ses amours avec María de Padilla *(p. 16-17)*.

3 Casa de Pilatos
Le plus beau des palais princiers de Séville doit son nom à la légende populaire selon laquelle il serait inspiré de la maison de Ponce Pilate à Jérusalem. Édifié à la fin du xve s. et au début du xvie s., il marie avec une rare élégance les styles mudéjar, gothique flamboyant et Renaissance. Des sculptures antiques et des copies du xvie s. décorent sa cour intérieure *(p. 38)*. ◈ *Plaza de Pilatos 1 • plan N3 • ouv. t.l.j. 9h-19h (jusqu'à 18h en oct.-fév.) • EP*

Plafond peint, museo de Bellas Artes

4 Museo de Bellas Artes
Installé dans un couvent du xviie s., le musée des Beaux-Arts possède une collection de peintures anciennes considérée comme la deuxième d'Espagne après celle du Prado. Elle est particulièrement riche en œuvres de l'école de Séville, où s'illustrèrent Zurbarán, Alonso Cano, Valdés Leal et Murillo. Ne manquez pas la touchante *Virgen de la Servilleta*, ni le portrait de son fils par El Greco et le *Saint Jérôme* en terre cuite polychrome du Florentin Pietro Torregiano *(p. 54)*. ◈ *Plaza del Museo 9 • plan K2 • ouv. mar. 15h-20h, mer.-sam. 9h-20h, dim. 9h-15h • EP*

5 Fábrica Real de Tabacos
Désormais occupée par l'université, l'élégante Manufacture royale des tabacs, bâtie au xviiie s., est le plus vaste édifice historique d'Espagne après l'Escorial. Jusqu'à 3 000 *cigarreras* y travaillèrent ; elles y roulaient les trois quarts des cigares européens. Ces ouvrières inspirèrent à Prosper Mérimée le personnage de Carmen, dont Bizet fit l'héroïne de l'opéra le plus populaire du monde.
◈ *C/San Fernando 4 • plan M5*
• ouv. lun.-ven. 8h-20h30
• EG

Patio de la casa de Pilatos

Visiter l'Andalousie – Séville

6 Ayuntamiento

L'édifice qui abrite depuis le XVIᵉ s. l'hôtel de ville de Séville occupe l'emplacement d'un monastère dont subsistent des vestiges de la cour d'entrée, dans la partie la plus à gauche de la façade bordant la plaza de San Francisco. La décoration des salles d'apparat intègre des éléments gothiques et Renaissance, et des souvenirs historiques *(p. 38)*. ✆ *Plaza Nueva 1 • plan L3 • 954 59 01 45 • visite guidée sur réserv. seul., mi-sept.-juil. : mar.-jeu. 17h30 et 18h, sam. 12h • EG*

7 Plaza de España

Pôle de l'exposition ibéro-américaine de 1929, la place d'Espagne entourée d'un immense bâtiment en demi-cercle présente un aspect si particulier qu'elle a servi de décor dans le film *Star Wars : l'attaque des clones*. Les motifs en azulejos qui couvrent la construction représentent des épisodes historiques et les symboles héraldiques des quarante régions espagnoles. Les bassins enjambés par des ponts pittoresques permettent le canotage. ✆ *Plan N6*

Feria de Abril

La *feria* de printemps commence environ deux semaines après Pâques et dure six jours. Des *caballeros* en tenue de cuir traditionnelle et larges *sombreros cordobeses* paradent dans les rues, ayant souvent en croupe des femmes-fleurs aux robes éclatantes de couleurs. Dans les *casetas,* des pavillons de bois et de toile montés pour l'occasion, les Andalous se retrouvent entre parents, amis ou voisins (et sur invitation seulement) pour discuter, boire et danser des sévillanes jusqu'à l'aube.

Museo Arqueológico

8 Museo Arqueológico

Un charmant pavillon néo-Renaissance construit pour l'Exposition de 1929 renferme la plus riche collection archéologique d'Andalousie. Présentée par ordre chronologique, elle couvre une période s'étendant de la préhistoire à la domination maure. Ses fleurons comptent un bel ensemble de sculptures et de mosaïques romaines provenant en majorité d'Italica *(p. 89)*, et le trésor d'El Carombolo, 21 objets en or façonnés au VIᵉ s. par la civilisation tartessienne. ✆ *Parque María Luisa • ouv. mar. 15h-20h mer.-sam. 9h-20h, dim. 9h-14h • EP*

9 Torre del Oro et torre de Plata

Selon la tradition, la tour de l'Or de plan dodécagonal élevée par les Almohades en 1220 doit son nom aux azulejos qui la décoraient. Il pourrait aussi venir de l'or du Nouveau Monde qu'on y entreposa à l'apogée de la puissance coloniale de l'Espagne. Elle abrite aujourd'hui un petit musée maritime. Comme elle, la torre de Plata (tour de l'Argent), de taille plus modeste, faisait partie des défenses de la ville avant sa reconquête par les Rois

76

Catholiques. ◎ *Torre del Oro : paseo de Colón ; plan L4 ; ouv. sept.-juil. : mar.-ven. 10h-14h, sam.-dim. 11h-14h ; EP (sauf mar.)* • *Torre de Plata : c/Santander ; plan L4 ; fer. au public*

10 Cartuja de Santa María de las Cuevas

Cette chartreuse fondée au XVe s. a connu une histoire contrastée. Christophe Colomb y séjourna à plusieurs reprises, et il y reposa de 1513 jusqu'au transfert de ses restes à Saint-Domingue en 1536. Les moines s'adressèrent à certains des plus grands artistes pour décorer l'église gothique et les locaux qu'ils occupaient. Mais ils furent contraints au départ en 1810, et les œuvres se trouvent aujourd'hui pour la plupart au museo de Bellas Artes *(p. 75)*. Transormé en usine de céramique en 1841, restauré pour Expo' 92, le complexe abrite désormais un centre d'art contemporain. ◎ *Isla de Cartuja* • *plan J1* • *Centro Andaluz de Arte Contemporáneo : ouv. mar.-sam. 10h-21h (jusqu'à 20h en nov.-mai), dim. 10h-15h ;* • *EP (sauf mar.)*

Une demi-journée dans le barrio de Santa Cruz

Partez de la sortie des **Reales Alcázares** *(p.16-17)* située sur le patio de las Banderas. Tournez à droite pour trouver l'arco de la Judería, une ruelle couverte menant au callejón del Agua qui longe le mur sud de l'ancien ghetto. Au passage, jetez un coup d'œil aux patios à la végétation luxuriante des maisons aux murs blanchis. L'écrivain américain Washington Irving résida au n° 2. Au bout du mur, vous découvrirez les **jardines de Murillo** sur votre droite *(p. 79)*.

Après y avoir flâné, revenez à la **plaza Santa Cruz** *(p. 79)* où les Français incendièrent en 1810 l'église qui donna son nom au quartier. Une croix en fer forgé du XVIIe s. se dresse à l'emplacement qu'elle occupait. Traversez deux rues à l'ouest pour atteindre l'**hospital de los Venerables** *(p. 78)*. Ce bel édifice baroque possède une élégante cour intérieure et accueille des expositions d'art. À l'est, l'ancienne maison de Bartolomé Murillo *(p. 56)* occupe le n° 8 de la calle Santa Teresa. L'artiste y mourut en 1682 après être tombé d'un échafaudage alors qu'il peignait une fresque à Cadix.

Revenez finalement vers la **cathédrale** *(p. 14-15)* par la calle Mesín del Moro, puis la calle Mateos Gago. Au n° 1, la **Cervecería Giralda** *(p. 84)* permet de prendre un déjeuner ou un dîner composé de tapas à l'intérieur d'anciens bains arabes.

Torre del Oro

Visiter l'Andalousie – Séville

Gauche **Arènes de la Maestranza** Droite **Détail, hospital de los Venerables**

🔟 Autres visites

1 La Lonja
L'ancienne bourse (1785) abrite les archives nationales espagnoles sur la découverte et la colonisation du Nouveau Monde *(p. 54)*. ◈ *Avda de la Constitución 3 • plan M4 • ouv. aux chercheurs lun.-ven. 8h-15h • EG*

2 Hospital de los Venerables
Une peinture en trompe-l'œil par Juan de Valdés Leal décore la voûte de l'église de cet hospice du XVIIe s. devenu un centre culturel. ◈ *Plaza de Doña Elvira 8 • plan M4 • ouv. t.l.j. 10h-14h et 16h-20h • EP*

3 Museo de Artes y Costumbres Populares
Le musée des Arts et Coutumes populaires occupe un pavillon néo-mudéjar bâti pour l'Exposition de 1929. ◈ *Plaza de América 3 • mar. 15h-20h, mer.-sam. 9h-20h, dim. 9h-14h • EP*

4 Hospital de la Caridad
Fondé par Miguel de Mañara, dont la vie aurait inspiré la légende de Don Juan, il renferme des œuvres majeures de Valdés Leal et de Murillo. ◈ *C/Temprado 3 • plan L4 • ouv. lun.-sam. 9h-13h30 et 15h30-19h30, dim. 9h-13h • EP*

5 La Maestranza
La saison commence en avril dans la « cathédrale de la corrida ». ◈ *Paseo de Colón 12 • plan L3*

6 Barrio de Triana
L'ancien quartier gitan de Séville, haut lieu de l'histoire du flamenco, est réputé pour ses céramiques *(p. 82)*. ◈ *Plan K4*

7 Casa de la Condesa de Lebrija
Des mosaïques d'Itálica *(p. 89)* parent un palais du XVe s. ◈ *C/Cuna 8 • plan M2 • ouv. lun.-ven. 10h30-13h30 et 17h-20h (10h30-13h30 et 16h30-19h30 en hiver), sam. 10h-14h • EP*

8 Iglesia San Salvador
Leonardo de Figueroa acheva en 1712 la construction de cette église baroque. ◈ *Plaza del Salvador • plan M3 • ouv. t.l.j. 18h30-21h et dim. 10h-13h • EG*

9 La Macarena
Ce quartier jouit d'une aura particulière car il abrite, dans une basilique de 1949, la Virgen de la Macarena, une statue baroque de Pedro Roldán. Pendant la Semana Santa *(p. 60)*, elle fait une sortie spectaculaire le jeudi à minuit. ◈ *Plan N1*

10 Convento de Santa Paula
Ce couvent possède un portail du XVe s., orné de reliefs en terre cuite par Nicola Pisano. ◈ *C/Santa Paula 11 • plan N1 • ouv. mar.-dim. 10h30-13h, 16h30-18h30 • EP*

Parque de María Luisa

Au convento de Santa Paula, les nonnes vendent des produits de leur fabrication, des confitures notamment.

Gauche **Parque María Luísa** Droite **Monument à Christophe Colomb, jardines de Murillo**

10 Parcs, promenades et places

1 Reales Alcázares
Leurs jardins marient la tradition maure à l'esprit de la Renaissance italienne *(p. 16-17)*.

2 Parque de María Luísa
Au sud du centre, ce vaste parc, donné à la ville en 1899, prit son visage actuel pour l'exposition hispano-américaine de 1929 *(p. 46)*. ◈ *Plan M6*

3 Plaza de San Francisco et plaza Nueva
Ces deux places constituent le cœur de la capitale andalouse. La plaza de San Francisco (aussi appelée plaza Mayor) bordée par l'hôtel de ville est la plus ancienne de Séville. Aménagée en parc, la plaza Nueva renferme un monument au roi Ferdinand le Saint (v. 1201-1252). ◈ *Plan L3*

4 Jardines de Murillo
Offerts à la ville en 1911, ces jardins, nommés d'après le peintre Bartolomé Murillo *(p. 56)*, occupent l'emplacement d'anciens vergers et potagers de l'Alcázar. Les deux colonnes d'un monument à Christophe Colomb y portent la représentation en bronze d'une caravelle, le navire qui l'emmena jusqu'au Nouveau Monde en 1492. ◈ *Plan N4*

5 Plaza de Santa Cruz
Cette place, percée quand les soldats de Napoléon détruisirent l'église qui occupait le site, renferme la cruz de la Cerrajería en fer forgé. ◈ *Plan N4*

6 Calle de las Sierpes
Sévillans et visiteurs se côtoient devant les vitrines de vêtements et d'accessoires de la principale rue marchande du vieux Séville. Piétonnière, elle est aussi très fréquentée pour la promenade du soir. ◈ *Plan L2*

7 Alameda de Hércules
Deux colonnes se dressent à chaque bout de cette large promenade jadis appréciée des Sévillans ; celles du sud sont romaines et servent de piédestaux à des statues de Jules César et d'Hercule sculptées au XVIᵉ s. La promenade est plus connue aujourd'hui pour son marché aux puces du dimanche matin *(p. 82)*. ◈ *Plan M1*

8 Plaza de la Alfalfa
L'ancien marché au foin accueille le dimanche matin des vendeurs d'animaux de compagnie : oiseaux, chiots et poissons exotiques. ◈ *Plan M2*

9 Paseo Alcalde Marqués de Contadero
Cette agréable promenade plantée d'arbres longe le Guadalquivir depuis la torre del Oro *(p. 77)*. ◈ *Plan L4*

10 Jardines de San Telmo
Le parc s'étend autour d'un palais churrigueresque, occupé par le gouvernement régional, dont la construction s'étendit de 1682 à 1796. ◈ *Plan M5*

V

Visiter l'Andalousie – Séville

Gauche **El Mercadillo** Droite **Enseigne d'El Corte Inglés**

TOP 10 Boutiques et marchés

1 El Corte Inglés
La principale chaîne espagnole de grands magasins se distingue davantage par le choix proposé que par la modicité des prix. Vous y trouverez des vêtements et accessoires de mode, des parfums et cosmétiques, des articles domestiques et de décoration d'intérieur, des CD et des produits alimentaires. ✪ *Plaza del Duque de la Victoria 10 • plan L2*

2 Mango
Mango se tient à la pointe de la mode pour jeunes femmes. ✪ *C/Velazquez 7-9 • plan L2*

3 Zara
Vous pourrez habiller ici toute la famille sans vous ruiner, notamment, en été, de tenues en lin mélangé et en coton bien adaptées au climat andalou. Zara vend aussi de la parfumerie et des lunettes de soleil. ✪ *Plaza del Duque de la Victoria • plan L2*

4 Angeles Méndez
Une bonne adresse où se procurer les robes à volants et les mantilles qui permettent de se fondre dans la foule lors des fêtes de la région *(p. 60-61)*. ✪ *C/Alcaicería de la Loza 24 • plan M2*

5 Discos Sevilla
Ce magasin propose une large sélection de CD de musique andalouse. ✪ *C/Alfonso XII, angle de la plaza del Duque • plan L2*

6 Sargadelos
La formule « arts de la table » prend tout son sens avec les céramiques associant tradition et créativité de Sargadelos. ✪ *C/Albareda 17 • plan L3*

7 El Mercadillo
Donnant sur l'alameda de Hércules *(p. 79)*, le marché aux puces d'El Jueves rassemble principalement, le jeudi, des étals de vieilleries, de livres et d'affiches, mais on y trouve parfois des trésors. Méfiez-vous des pickpockets. ✪ *C/de la Feria • plan M1*

8 Marché d'artisanat
Du jeudi au samedi, il permet de se procurer des bijoux faits main, des objets en cuir et des vêtements bon marché. ✪ *Plaza del Duque de la Victoria • plan L2*

9 Ancienne gare de Cordoue
Restauré pour l'Exposition universelle de 1992, cet édifice néo-mudéjar de 1889 à la grande halle particulièrement élégante est devenu un centre commercial. ✪ *Antigua Estación de Córdoba, plaza de Armas • plan K2*

10 Cerámica Santa Ana
Réputée pour ses répliques d'azulejos du XVIe s., la plus célèbre boutique de céramique du quartier de Triana existe depuis 1870. Des ateliers du même genre bordent la calle Covadonga. ✪ *C/San Jorge 31, barrio de Triana • plan K4*

Qu'acheter en Andalousie p. 64-65

Gauche **Teatro de la Maestranza** Droite **Teatro Lope de Vega**

⑩ Théâtres et clubs de flamenco

1 Teatro de la Maestranza
Construite sur le site d'une ancienne fabrique de munitions pour Expo' 92, la principale salle de spectacle de Séville propose surtout des opéras, notamment ceux qui ont la ville pour cadre : *Carmen*, *Don Juan*, *Le Mariage de Figaro* et *Le Barbier de Séville*. ✆ *Paseo de Colón 22 • plan L4*

2 Teatro Lope de Vega
Baptisé d'après le « Shakespeare espagnol » qui écrivit plus de 1 500 pièces, cet édifice néo-baroque construit pour l'exposition ibéro-américaine de 1929 accueille des concerts et des œuvres lyriques et dramatiques aussi bien classiques que modernes. ✆ *Avda de María Luísa • plan M5 • fer. juil-août*

3 Teatro Alameda
Cette petite salle possède une programmation éclectique où le flamenco tient une grande place. On y donne aussi des créations théâtrales andalouses contemporaines.
✆ *C/Crédito 13*

4 Teatro Central
Les plus grands noms du flamenco se produisent dans le cadre du cycle *Flamenco Viene del Sur* au Teatro Central. Cette salle de spectacle moderne, au bord du fleuve, présente aussi du théâtre, de la danse et des concerts de musique classique.
✆ *C/José de Gálvez, isla de Cartuja • plan J1 • fer. juil.-sept.*

5 El Palenque
Cette autre salle moderne met surtout l'accent sur la danse et la chanson contemporaines. ✆ *C/Blas Pascal, isla de Cartuja • plan J1*

6 El Arenal
El Arenal présente les spectacles de flamenco pour touristes les plus authentiques. Assister au premier donne droit de rester gratuitement au deuxième.
✆ *C/Rodó 7 • plan L4 • représentations t.l.j. 21h et 23h*

7 La Carbonería
Les représentations ont lieu le lundi et le jeudi soir. Ce club de flamenco est authentique et décontracté. ✆ *C/Levies 18 • plan N3*

8 Los Gallos
Malgré une fréquentation très touristique, Los Gallos propose des spectacles de qualité. ✆ *Plaza de Santa Cruz 11 • plan N4 • représentations t.l.j. 21h et 23h30*

9 Casa de la Memoria de al-Andalus
Ce centre culturel abrite un musée sur les juifs andalous et invite de grands artistes du flamenco et de la musique sépharade. ✆ *C/Ximénes de Enciso 28 • plan N3 • représentations t.l.j. 21h*

10 El Patio Sevillano
Ce *palao* ne cache pas qu'il vise une clientèle touristique.
✆ *Paseo de Cristobal Colón 11A • plan L4 • représentations t.l.j. 19h30 et 22h*

Gauche **Cervecería Giralda** Droit **Décor en céramique, Patio San Eloy**

Cafés et bars à tapas

1 Cervecería Giralda
Cet établissement élégant installé dans d'anciens bains arabes ménage une belle vue de la Giralda (p. 14-15). ✆ *C/Mateos Gago 1 • plan M3*

2 Barbacoa Coloniales
Entre l'iglesia San Salvador et el convento de Santa Paula, ce bar à l'ancienne borde une place agréable en centre-ville. De vieilles photos de Séville décorent l'intérieur. ✆ *Plaza del Cristo de Burgos 19 • plan M2*

3 Patio San Eloy
Une animation typique du vieux Séville règne en ce lieu vaste et bruyant. Spécialité de pâtisseries salées. ✆ *C/San Eloy 9 • plan L2*

4 Gran Tino
Le Gran Tino propose un éventail de rafraîchissements d'une intéressante variété. Sa terrasse se révèle particulièrement plaisante le dimanche matin, quand se tient sur la place un marché aux animaux de compagnie. ✆ *Plaza de la Alfalfa 2 • plan M2*

5 Bar San Lorenzo
Cette institution du quartier d'Alameda aux boiseries patinées n'a pratiquement pas changé depuis son inauguration en 1893. Beaucoup d'habitués s'y retrouvent pour déguster des *tapas* de choix. ✆ *Plaza de San Lorenzo 7 • plan L1*

6 La Ilustre Víctima
Les écrivains qui fréquentent le quartier d'Alameda apprécient l'ambiance décontractée et les peintures murales. Le nom, « L'Illustre victime », fait référence au *toro bravo*. ✆ *C/Correduría 35 (ancienne c/Doctor Letamendi) • plan M1*

7 La Alicantina
Les tables en terrasse offrent un poste d'observation privilégié d'où contempler l'animation qui règne sur la place, tout en savourant des spécialités de fruits de mer. ✆ *Plaza del Salvador 2-3 • plan M3*

8 Plata
Juste à côté de la basilique qui abrite la Virgen de la Macarena (p. 78), le moderne Plata est le meilleur endroit où prendre un petit déjeuner dans le quartier. ✆ *C/Resolana 2 • bus n° 34*

9 El Tejar
Dans le barrio de Triana (p. 78), les propriétaires de ce café aux murs couverts d'azulejos exposent souvent les œuvres d'artistes locaux et organisent de temps en temps des spectacles de flamenco. ✆ *C/San Jacinto 68 • plan J4*

10 Bar Bistec
Une chaude ambiance, caractéristique du quartier de Triana, règne jusque tard dans la nuit au « bar Bifteck ». ✆ *C/Pelay Correa 34 • plan K4*

Le soir, beaucoup de bars et restaurants espagnols n'ouvrent que vers 21h.

Catégories de prix	
Pour un repas avec	€ moins de 20 €
entrée, plat, dessert et	€€ 20 €–30 €
une demi-bouteille de vin	€€€ 30 €–40 €
(ou repas équivalent),	€€€€ 40 €–50 €
taxes et service compris.	€€€€€ plus de 50 €

Ci-dessus **El Rinconcillo**

TOP 10 Bars à tapas et restaurants

1 Bar España
Non loin de la cathédrale et dans un cadre enchanteur près des jardins de Murillo, ce bar à *tapas* dépend de l'Egaña Oriza, le restaurant gastronomique basque voisin. ● *C/San Fernando 41 • plan M5*

2 Casa Morales
Avec ses vins tirés au tonneau et ses *tapas* sans prétention, ce vénérable établissement semble n'avoir guère changé depuis 1850. ● *C/García de Vinuesa 11 • plan L3*

3 La Sacristía
Des *tapas* généreuses s'accordent à un belle sélection de vins et de xérès. ● *C/Mateos Gago 18 • plan M3*

4 La Albahaca
Dans une ancienne demeure décorée d'azulejos. La carte évolue en fonction des saisons. ● *Plaza Santa Cruz 12 • plan N4 • 954 22 07 14 • €€€*

5 Hostería del Laurel
Assez ancien pour être cité dans un *Don Juan* du XIXᵉ s., ce haut lieu du quartier de Santa Cruz prépare des *tapas* aussi mémorables que l'ambiance. ● *Plaza de Doña Elvira 5 • plan M4*

6 Casa Plácido
Près des principaux sites de Venise. Rien ne manque pour rappeler l'âge du lieu, ni les jambons suspendus, ni les tonneaux de xérès, ni les vieilles affiches, ni les *tapas* traditionnelles. ● *C/Mesón del Moro 5 et c/Ximenes de Enciso 11 • plan M3*

7 Taberna del Alabardero
Le décor est somptueux et les plats de viande, de poisson et de fruits de mer ont obtenu une étoile au Michelin. ● *C/Zaragoza 20 • plan L3 • 954 50 27 21 • €€€*

8 El Rinconcillo
Ouverte en 1670, la plus vieille *taberna* de Séville revendique l'invention des *tapas*. ● *C/Gerona 40 • plan M2*

9 Eslava
Les tapas comprennent des spécialités comme l'agneau au miel et la tarte à la courgette. ● *C/Eslava 3-5 • plan L1*

10 Restaurante María Angeles
Au débouché du plus vieux pont de la ville, dans le quartier de Triana, le María Angeles sert une cuisine traditionnelle. La terrasse côté fleuve ménage le plus beau panorama. ● *Puente de Isabel II • plan K4 • 954 33 74 98 • accès handicapés • €-€€€*

Remarque : sauf indication contraire, tous les restaurants acceptent les cartes de paiement et proposent des plats végétariens.

85

Gauche **El Rocío** Droite **Peinture murale du palais d'Écija**

Provinces de Séville et de Huelva

À l'écart du littoral méditerranéen, la région formée par les provinces de Séville et de Huelva compte parmi les moins visitées d'Andalousie. Ses bourgs et ses villages recèlent pourtant de nombreux trésors artistiques et architecturaux que l'on peut découvrir sans subir la pression de la foule. L'intérieur des terres est resté pour une grande part rural : le temps s'y écoule lentement et les vieilles coutumes ont toujours cours. Plusieurs réserves naturelles ont été créées dans des zones à faible population, dont le parc national del Coto Doñana au débouché du Guadalquivir, étape essentielle pour de très nombreux oiseaux migrateurs. De superbes plages jalonnent la côte atlantique principalement fréquentée par des Espagnols.

TOP 10 Les sites

1 Parque Nacional del Coto Doñana
2 El Rocío
3 Huelva
4 El Parque Minero de Río Tinto
5 Gruta de las Maravillas
6 Cazalla de la Sierra
7 Écija
8 Osuna
9 Carmona
10 Itálica

Nécropole de Carmona

Marécage, parque Nacional del Coto Doñana

1 Parque Nacional del Coto Doñana

La plus grande réserve naturelle d'Europe protège des marécages et des dunes mouvantes dont les fragiles écosystèmes ne peuvent être découverts qu'avec une visite guidée *(p. 30-31)*.

2 El Rocío

Le village paraît sorti d'un western car les Espagnols qui colonisèrent les territoires américains qui deviendront le Texas, le Nouveau Mexique et l'Arizona venaient de cette région. À la Pentecôte, des dizaines de confréries d'Andalousie et au-delà participent à la plus importante *romería* d'Espagne *(p. 31)*. ◈ *Plan B4*

3 Huelva

Fondée par les Phéniciens, cette ville industrielle a connu son apogée à l'époque romaine, et le museo Provincial conserve d'intéressantes pièces archéologiques. Huelva joua ensuite un rôle central dans le commerce avec le Nouveau Monde, puis s'assoupit quand il se concentra à Séville. Dévastée par un tremblement de terre en 1755, elle garde peu de traces de son passé. ◈ *Plan A4 • Museo Provincial : alameda Sundheim 13 ; ouv. mer.-sam. 9h-20h, dim. 9h-14h ; EG*

4 El Parque Minero de Río Tinto

L'exploitation, pendant quelque 5 000 ans, des mines à ciel ouvert du río Tinto (« rivière rouge »), les plus vieilles du monde, a façonné un paysage étrange. Un musée retrace la longue histoire du site. ◈ *Plan B3 • Museo Minero : plaza Ernest Lluch ; ouv. t.l.j. 10h30-15h et 16h-19h ; EP*

5 Gruta de las Maravillas

Une visite guidée permet de parcourir la grotte des Merveilles, réseau de cavernes naturelles long de plus de 1 500 m où les oxydes de fer ont teinté les concrétions calcaires de nuances roses, vertes et bleues. Certaines portent des noms évocateurs comme « la hutte », « l'orgue », « la cathédrale », « la caille » ou « les jumeaux ». La dernière chambre souterraine, justement baptisée la *sala de los Culos* (salle des Derrières), rencontre toujours un franc succès. Le « grand lac » s'étend sous une voûte atteignant une hauteur de 70 m. ◈ *Pozo de la Nieve, Aracena • plan B3 • ouv. t.l.j. 10h-13h30, 15h-18h • EP*

Gruta de las Maravillas

 Mieux vaut visiter la gruta de las Maravillas le matin pour être sûr d'avoir une place dans une visite guidée. 87

6 Cazalla de la Sierra

La principale localité de la sierra Norte serre ses maisons blanches autour de quelques belles églises. Nombreux à y venir en week-end, les Sévillans l'apprécient pour son anisette. À 3 km, l'ancienne chartreuse occupe un site superbe. Les bâtiments restaurés abritent un lieu d'exposition et un hôtel.
◈ *Plan C3 • Centre culturel de la cartuja de Cazalla : t.l.j. 10h-14h et 17h-20h ; EP*

7 Écija

Deux surnoms offrent une image claire du principal titre de gloire et du plus gros défaut de cette cité fondée par des Grecs dans une plaine à l'est de Séville. « Ville des tours » fait référence à ses onze clochers baroques, tous ornés de carreaux de céramique. « La poêle de l'Andalousie » évoque la chaleur torride qui y règne en été. Le quartier ancien, autour de la plaza Mayor, conserve des demeures Renaissance et baroques. Le Musée archéologique mérite une visite. ◈ *Plan D3 • Museo Arqueológico : palacio de Benemejí, c/Cánovas del Castillo 4 ; ouv. été : mar.-dim. 9h-14h, hiver : mar.-ven. 9h30-13h30 et 16h30-18h30, sam.-dim. 9h-14h ; EG*

La Campiña : socialisme contre féodalisme

La fertile vallée de la Campiña est aux mains de quelques familles nobles depuis que les Rois Catholiques l'ont partagée en immenses fiefs dont les ouvriers agricoles mènent pratiquement des existences de serfs. Le village de Marinaleda vit toutefois une utopie socialiste depuis que son maire a dirigé, au début des années 1980, l'occupation de terres appartenant à un duc habitant Madrid, puis a fini par obtenir leur achat par la région.

Palacio del Marqués de la Gomera, Osuna

8 Osuna

De nombreux édifices Renaissance et baroques témoignent de l'influence et de la prospérité dont a joui la puissante famille des ducs d'Osuna. Accessible par un patio du XVIe s., orné de stucs raffinés, leur panthéon se trouve sous la colegiata de la Asunción édifiée entre 1535 et 1539 au sommet de la ville. Elle abrite une impressionnante *Agonie du Christ* par José de Ribera. L'université aux tours d'angle décorées de carreaux possède une belle cour intérieure platéresque. De riches demeures bordent les rues *(p. 38)*. ◈ *Plan D4 • Collegiata : plaza de la Encarnación ; ouv. mai-juin, sept. : mar.-dim. 10h-13h30 et 16h-19h ; juil.-août : mar.-sam. 10h-13h30 et 16h-19h, dim. 10h-13h30 ; oct.-avr. : mar.-dim. 10h-13h30 et 15h30-18h30 ; EP*

9 Carmona

La première localité importante à l'est de Séville occupe un site habité depuis 5 000 ans au bord d'un plateau. La puerta de Córdoba ménage une vue exceptionnelle de la plaine arrosée par le río Corbones. De belles églises et des demeures patriciennes subsistent à l'intérieur de l'enceinte fortifiée. L'ancien alcázar abrite un parador *(p. 140)*. Hors des murs, à l'ouest, une nécropole romaine compte plus de 900 tombes. ⍟ *Plan C3*

• *Necrópolis : avda Jorge Bonsor 9 ; été : mar.-ven. 8h30-14h, sam. 10h-14h, hiver : mar.-ven. 9h-17h, sam.-dim. : 10h-14h ; EG*

10 Itálica

Fondée en 206 av. J.-C., Itálica devint l'une des trois plus importantes cités de l'Empire romain et le lieu de naissance de deux de ses plus grands souverains, Trajan et Hadrien. Elle comptait environ un demi-million d'habitants pendant le règne du second (117-138), et son amphithéâtre pouvait accueillir 25 000 spectateurs. En dehors de ses ruines, du tracé des rues et de quelques pavements de mosaïque, il reste peu de chose de la ville latine, dévastée au Vᵉ s. Les objets trouvés se trouvent au Musée archéologique de Séville *(p. 76)*. ⍟ *Avda de Extremadura 2, Santiponce*

• *plan B3 • ouv. avr.-sept. : mar.-sam. 9h-20h, dim. 9h-15h ; oct.-mars : mar.-sam. 9h-17h30, dim. 10h-16h • EP*

Amphithéâtre d'Itálica

Un jour dans les pas de C. Colomb

Matin

À 9 km de la ville de **Huelva** *(p. 87)*, le monasterio de Santa María de la Rábida de style gothico-mudéjar accueillit en 1484 un Christophe Colomb épuisé, mais qui finit par convaincre le prieur franciscain d'apporter son appui à son projet de traversée de l'Atlantique. Les moines montrent où séjourna l'explorateur dans le cadre d'une visite guidée *(mar.-sam. 10h-13h et 16h-19h ; EP)*. Un café aux tables ombragées permet de se restaurer.

Sous le monastère, au **muelle de las Carabelas** (quai des Caravelles), sont amarrées des répliques grandeur nature des navires de Colomb *(p. 62)*.

Après-midi

À 4 km au nord-est de la Rábida, les alluvions ont comblé le port de Palos de la Frontera d'où partit Christophe Colomb le 3 août 1492. L'annonce de la décision d'organiser l'expédition eut lieu dans l'iglesia de San Jorge. L'équipage fit provision d'eau douce à la Fontanilla qui se trouve derrière.

7 km plus loin, au nord-est, Moguer abrite le convento de Santa Clara, où Christophe Colomb vint rendre grâce, après son premier voyage, d'avoir survécu à une tempête *(visites guidées mar.-sam. 11h-19h ; EP)*.

Au terme de l'excursion, reprenez des forces à la Parrala *(plaza de las Monjas 22, Moguer • 959 37 04 52 • fer. lun. • €€)*.

➜ *Si vous ne disposez pas d'une voiture, des bus effectuent le circuit depuis Huelva dix fois par jour du mardi au samedi.*

Gauche **Charcuterie de Jabugo** Droite **Almonaster La Real**

🔟 Autres visites

1 Aroche
Proche de la frontière, l'un des villages les mieux préservés de la région réserve une merveilleuse surprise : le museo del Santo Rosario qui possède, entre autres, des rosaires ayant appartenu à mère Teresa, à John F. Kennedy et au pape Paul VI. ✪ *Plan A2 • Museo del Santo Rosario : paseo Ordoñez Valdés ; heures d'ouverture variables ; EG*

2 Niebla
Les remparts longs de près de 2,5 km dont les Maures dotèrent la ville témoignent du rôle qu'elle tenait dans leurs lignes de défense. ✪ *Plan B4*

3 Cortegana
Un château du XIIIᵉ s. domine ce bourg de montagne à l'église gothique. ✪ *Plan A3*

4 Almonaster La Real
La citadelle au-dessus du village renferme une mosquée du Xᵉ s., des arènes et un château *(p. 42)*. ✪ *Plan B3*

Rempart, Niebla

5 Jabugo
Le village de Jabugo produit le réputé *pata negra*, un jambon de cochon noir nourri aux glands de la sierra d'Aracena. ✪ *Plan B3*

6 Aracena
Cette agréable petite ville s'accroche à flanc de colline au pied des ruines d'un château d'origine maure, longtemps confié aux templiers. Sur la plaza Alta, le plus vieil hôtel de ville de la province abrite le centre d'information du parc naturel qui protège la sierra. ✪ *Plan B3*

7 Parque de la Sierra de Aracena y Picos de Aroche
Des sentiers de randonnée sillonnent de vastes espaces boisés *(p. 44)*. ✪ *Plan B2*

8 Santa Olalla del Cala
Au cœur d'une région d'affinage du *jamón ibérico*, ce village conserve un imposant château du XIIIᵉ s. et une église paroissiale gothique au décor intérieur baroque. ✪ *Plan B3*

9 Alájar
Ce petit village a gardé son cachet typique avec ses maisons blanchies et ses rues pavées *(p. 42)*. ✪ *Plan B3*

10 Zufre
Perché au sommet d'une falaise, Zufre abrite quelques édifices du XVIᵉ s. et offre de belles vues de la plaine. ✪ *Plan B3*

Gauche **Jambons de montagne** Droite **Plat en céramique**

TOP 10 Faire des achats

1 Marché d'Aroche
Les éventaires qui s'installent le jeudi sur la plaza de Abastos permettent de se procurer des produits locaux comme le fromage de chèvre au goût puissant, apprécié par les habitants de la région.

2 Souvenirs
Des boutiques de souvenirs bordent la calle Pozo de la Nieve d'Aracena. À El Rocío (p. 87), des stands dressés autour de l'église vendent divers objets liés à la célèbre romería (p. 31).

3 Artisanat
Valverde del Camino est réputé pour le cuir mais aussi pour ses meubles et coffrets en bois. En outre, les broderies d'Aracena et de Bollullos del Condado, et les nappes de dentelle d'Alosno et de Moguer, ne manquent pas d'intérêt. Plus près de la côte, on trouve des articles artisanaux en provenance du Maroc.

4 Poterie
Dans une palette où le bleu, le vert et le blanc dominent, des motifs aux influence arabes décorent des objets variés, de la vaisselle aux amphores.

5 Cuir
De nombreuses boutiques proposent à Valverde del Camino les *botos camperos* (bottes western) et les *botos rocieros* (bottes d'équitation espagnoles)

qui ont fondé la renommée du village. Des artisans les fabriquent sur mesure. Il faut compter trois ou quatre jours.

6 Huelva
La capitale provinciale (p. 87) abrite un grand magasin de la chaîne El Corte Inglés sur la plaza de España, au cœur du principal quartier commerçant. Le *mercadillo* (marché en plein air) a lieu le vendredi sur le recinto Colombino.

7 Condado de Huelva
Cette région viticole produit des blancs jeunes fruités, ainsi que des vins affinés selon la méthode du xérès (p. 98) : le condado pálido ambré et le condado viejo plus sombre.

8 Anisette
Aniz Cazalla, établie dans la ville éponyme, compte parmi les meilleures marques (p. 88).

9 Jambon
À Jabugo, la renommée Mesón Sánchez Romero Carvajal a pour produit d'excellence le jambon 5J. Les porcs ibériques sont élevés en plein air et nourris aux glands ; l'affinage dure près de trois ans (p. 90).

10 Poisson séché
Vendue à Huelva, la *mojama*, du filet de thon salé et séché au soleil, servie en très fine tranche nappée d'huile d'olive, accompagne bien un vin blanc.

Gauche et droite **Casa Curro, Osuna**

Cafés et bars à tapas

1 Bar Plaza, Carmona

Au cœur de la ville, des tables permettent de s'installer sur la place. Les gourmands aventureux essaieront le menu dégustation. Les spécialités à découvrir comprennent le *pisto*, une ratatouille de légumes garnie d'un œuf poché. ◈ *Plaza San Fernando 2 • plan C3*

2 Bar La Reja, Écija

Le Bar La Reja propose un large choix de *tapas* et de *raciones*. Son atmosphère placide invite à traîner en tendant l'oreille pour saisir les ragots échangés par les habitués.
◈ *C/Elvira 1 • plan D3 • fer. dim*

3 Casa Curro, Osuna

À quelques pâtés de maisons de la place principale, le Casa Curro est le meilleur bar à *tapas* d'Osuna malgré sa petite taille. ◈ *Plazuela Salitre 5 • plan D4*

4 El Martinete, Cazalla

Ce minuscule bar de terrain de camping permet de se restaurer sans se ruiner tout en contemplant une chute d'eau.
◈ *Ctra Estación de Cazalla, km 12 • plan C3 • fer. lun.*

5 La Puerta Ancha, Ayamonte

Cet établissement accueillant se prétend le plus ancien bar de la ville et dresse des tables sur la place. Les prix de ses *tapas* et autres snacks restent modérés.
◈ *Plaza de la Laguna 14 • plan A4*

6 Espuma del Mar, Isla Canela

Ce restaurant en bord de plage possède une terrasse. Bien entendu, il a pour spécialité les produits de la mer, dont la raie *(raya)* cuisinée selon des recettes variées. ◈ *Paseo de los Gavilanes • plan A4*

7 Bar Chimbito, Punta Umbria

Ce *chiringuito* (buvette) installé sur un vieux bateau amarré en aval de Huelva offre un cadre original où prendre un verre et savourer, entre autres, du poisson grillé ou frit. ◈ *Plan A4*

8 Bar Lalo, Aroche

Les balcons de ce petit bar donnent sur la place. Si vous vous sentez d'humeur à de nouvelles expériences, essayez la liqueur locale de *bellotas* (glands). ◈ *Plaza Juan Carlos • plan A2*

9 Café Bar Manzano, Aracena

Ce bar au décor traditionnel bordant le côté sud de la place principale prépare aussi des *platos combinados*. ◈ *Plaza del Marqués de Aracena 22 • plan B3 • fer. mar., der. sem. de sept.*

10 La Rábida Café, la Rábida

Le café du monastère où Christophe Colomb séjourna à l'est de Huelva *(p. 89)* permet également de prendre un repas complet. ◈ *Monasterio de Santa María de la Rábida • plan A4*

Catégories de prix

Pour un repas avec	€	moins de 20 €
entrée, plat, dessert et	€€	20 €–30 €
une demi-bouteille de vin	€€€	30 €–40 €
(ou repas équivalent),	€€€€	40 €–50 €
taxes et service compris.	€€€€€	plus de 50 €

Ci-dessus **Fruits de mer**

Restaurants

1 Restaurante San Fernando, Carmona

Installée dans une demeure ancienne donnant sur la plaza San Fernando, la table la plus chic de Carmona propose un large choix de plats de gibier, d'agneau, de canard et de poisson, ainsi que d'excellents desserts. ✎ C/Sacramento 3 • plan C3 • 954 14 35 56 • fer. dim. soir, lun. • €€€

2 Restaurante Las Ninfas, Écija

La cuisine servie dans l'historique palacio de Benameji associe raffinement et légèreté, notamment dans la préparation du poisson. ✎ C/Elvira 1 • plan D3 • 955 90 45 92 • fer. lun. • €€€

3 Restaurante Doña Guadalupe, Osuna

Les spécialités comprennent le *rabo de toro* (queue de bœuf en ragoût), le gibier et l'*ardoría*, une variante locale du *gazpacho*. Ne manquez pas les desserts. ✎ Plaza Guadalupe 6-8 • plan D4 • 954 81 05 58 • fer. mar., 2 sem. en août • €€

4 Cambio de Tercio, Cazalla

Ce restaurant séduit les amateurs de cuisine campagnarde avec des recettes comme le *somillo de cerdo ibérico en salsa de setas* (côtelettes de porc ibérique en sauce aux champignons) et la *tarta de castañas* (tarte de châtaignes). ✎ C/Virgen del Robledo 51 bajo, Constantina • plan C3 • 955 88 10 80 • fer. mar., der. sem. de sept. • €€€

5 Mesón Las Candelas, Aljaraque

Le cadre est plaisant et le poisson excellent. ✎ Ctra Punta Umbria, Avda de Huelva • plan A4 • 959 31 83 01 • fer. dim. • €€

6 El Rinconcito, Huelva

El Rinconcito s'en tient à d'honnêtes plats régionaux, destinés à une clientèle locale, et accueille de temps en temps des spectacles de flamenco. ✎ C/Marina 4 • plan A4 • pas de téléphone• pas de cartes de paiement • €

7 Casa Luciano, Ayamonte

Parmi les délicieux plats de poisson, essayez l'*atún al horno* (thon au four). ✎ C/Palma 1 • plan A4 • 959 47 10 71 • pas de cartes de paiement • €€

8 Aires de Doñana, El Rocío

Les portes-fenêtres donnent vue des marais. Raisin et huile au romarin rendent le *bacalao carpaccio* (carpaccio de morue) très raffiné. ✎ Avda La Canaliega, 1 • plan B4 • 959 44 27 19 • fer. lun. • €€€

9 Las Peñas, Aroche

Le poisson est, entre autres, servi *con salmorejo* (en sauce barbecue). ✎ Plaza Juan Carlos I • plan A2 • pas de téléphone • pas de cartes de paiement • €

10 Mesón El Corcho, Alájar

L'auberge El Corcho propose des spécialités locales de haute qualité.✎ Plaza España 3 • plan B3 • 959 12 57 79 • fer. mar. • €€

Remarque : sauf indication contraire, tous les restaurants acceptent les cartes de paiement et proposent des plats végétariens.

Gauche **Arcos de la Frontera** Droite **Tonneaux de xérès, Jerez de la Frontera**

Provinces de Málaga et de Cadix

*L*es deux provinces les plus méridionales d'Espagne offrent des plaisirs très variés. Des plages splendides et plus de 300 jours de soleil par an ont fait de la Costa del Sol l'un des plus grands pôles mondiaux du tourisme balnéaire. Les sierras de l'intérieur des terres recèlent des espaces préservés où relief et végétation composent des paysages spectaculaires. Les célèbres pueblos blancos *(villages blancs)* y paraissent protégés de l'écoulement du temps, perchés sur des arêtes ou des pitons rocheux. Le plus étonnant, Ronda, est le lieu de naissance de la corrida. La région produit aussi d'excellents vins, le xérès et le malaga, et renferme la plus vieille ville d'Europe, Cadix, fondée par les Phéniciens sur une péninsule presque entièrement cernée par l'Atlantique. À l'entrée du détroit reliant l'Océan et la Méditerranée, Gibraltar s'accroche à son particularisme et à son identité très britannique.

🏆 Les sites

1 Cadix
2 Ronda
3 Costa del Sol
4 Málaga
5 Antequera
6 Pueblos Blancos
7 Gibraltar
8 Arcos de la Frontera
9 Jerez de la Frontera
10 Costa de la Luz

Antequera

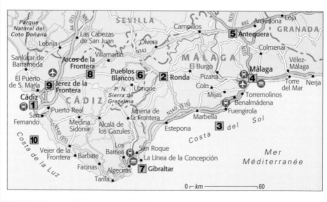

1 Cadix

Relativement peu visitée, en dehors des deux semaines de février où s'y déroule le carnaval le plus réputé d'Espagne *(p. 60)*, cette cité fortifiée de la Costa de la Luz *(p. 98)* au quartier ancien cerné par l'Océan possède un charme nostalgique évoquant une grandeur passée. Ses monuments datent en majorité du XVIIIe s. et comptent quelques beaux palais et sanctuaires baroques. L'immense Catedral Nueva commencée en 1722, et achevée près d'un siècle plus tard, abrite dans sa crypte le tombeau du compositeur Manuel de Falla. Une *Immaculée Conception* par Murillo décore l'oratoire de San Felipe Neri où se réunirent les Cortes en 1812 pour rédiger la première constitution libérale de l'Espagne *(p. 22-23)*.

2 Ronda

Pour les nombreux visiteurs qu'elle fascina au cours des siècles, Ronda devint le symbole de l'Andalousie. Perchée au bord d'un étroit et vertigineux ravin

Puente Nuevo, Ronda

Nerja, Costa del Sol

creusé par le río Guadalevín, elle fut l'un des derniers bastions maures de la région, puis la ville où la famille Romero établit les règles de la corrida et développa son style classique. La Ciudad, le quartier le plus ancien, a gardé beaucoup de cachet, mais des milliers de touristes parcourent chaque jour ses rues pavées. Depuis le XVIIIe s., le puente Nuevo les relie au quartier appelé El Mercadillo *(p. 24-25)*.

3 Costa del Sol

Jouissant d'un climat privilégié entre mer et montagnes, la côte du Soleil aux longues plages de sable et à la végétation subtropicale est devenue à partir des années 1960 le grand centre européen des loisirs balnéaires de masse. Certains des anciens villages de pêcheurs qui la jalonnent, comme Estepona, Nerja, Mijas et Marbella *(p. 48)*, ont gardé de l'attrait. Mais la côte présente surtout l'intérêt de permettre de très nombreuses activités, de la baignade au parachute ascensionnel, sans oublier le golf avec une soixantaine de parcours de réputation internationale *(p. 103)*. La vie nocturne y est également très animée, en particulier à Torremolinos en haute saison *(p. 26-27)*.

Au début septembre, lors des Corridas Goyescas de Ronda, les matadors toréent en costumes du XIXe s.

4 Málaga

Le plus grand port d'Espagne après Barcelone a beau abriter le principal aéroport desservant la Costa del Sol, et de belles plages, il reste avant tout une ville active qui a conservé son authenticité. Le poète Federico García Lorca *(p. 57)* l'appréciait pour son caractère brut. Au bord d'une large rade, le centre s'étend au pied de la colline où une imposante forteresse édifiée par les Maures renferme d'agréables jardins et un musée archéologique. Pablo Picasso est né à Málaga, et le troisième plus grand musée du monde à lui être consacré vient d'ouvrir dans un palais Renaissance édifié au XVIe s. pour les comtes de Buenavista *(p. 55)*. La cathédrale, Renaissance, entreprise en 1528, est restée inachevée. Au port, le paseo del Parque offre un cadre enchanteur et ombragé à une promenade.

◈ *Plan E5 • museo Picasso : c/San Agustín 8 ; 952 60 27 31 ; mar.-jeu., dim. : 10h-20h, ven.-sam. : 10h-21h : www.mpicassom.org ; EP*

Setenil, un pueblo blanco

5 Antequera

Sur un site peuplé dès la préhistoire, l'ancienne *Anticaria* romaine se présente comme un merveilleux condensé de l'histoire de la région. Ses monuments les plus anciens sont des dolmens érigés entre 4500 et 2500 av. J.-C. De l'époque latine subsistent des ruines de villas à pavements de mosaïque. La forteresse maure (fermée au public) résista cinq mois avant de succomber aux assauts des troupes chrétiennes en 1410. De nombreuses demeures et églises Renaissance témoignent de la prospérité de l'aristocratie et du clergé au XVIe s. L'arco de los Gigantes fut édifié en 1585 en l'honneur de Philippe II. Installé dans un palais du XVIIe s., le musée municipal présente des collections variées, d'archéologie notamment. Elles ont pour fleuron l'Éphèbe d'Antequera, un bronze fondu au Ier s. ◈ *Plan D4 • museo Municipal : palacio Nájera, plaza del Coso Viejo ; oct.-mai : mar.-ven. 10h-13h30, 16h-18h, sam. 10h-13h30, dim. 11h-13h30, juin : mar.-ven. 9h-20h, juil.-sept. : mer.-ven. 20h-22h ; EP*

6 Pueblos Blancos

Le massif montagneux de la serranía de Ronda est réputé pour ses « villages blancs », le plus souvent perchés sur des pitons ou des arêtes rocheuses. La beauté d'une région dont les habitants gardent un mode de vie séculaire justifie une excursion en voiture de plusieurs jours *(p. 52)*. Ne manquez pas Grazalema, Zahara de la Sierra, Gaucín, Casares, Setenil, Jimena de Libár et Manilva. Entre Grazalema et Zahara, la route grimpe jusqu'au puerto de las Palomas, le plus haut col d'Andalousie. ◈ *plan C5*

Gibraltar

Une matinée à
Jerez de la Frontera

🕐 Commencez la promenade à l'alcázar dont les vestiges maures comprennent un jardin restauré, une mosquée et un hammam. Une *camara oscura* fournit des vues de la ville et au-delà. Non loin, la cathédrale possède une décoration exubérante, à l'extérieur comme à l'intérieur. Dans la sacristie, un tableau de Zurbarán montre la Vierge en enfant endormie.

Suivez ensuite la visite guidée de la **bodega González-Byass** *(p. 66)*, dont Gustave Eiffel dessina une des caves. Parmi les célébrités qui inscrivirent leur nom sur les tonneaux figurent la reine Victoria, Cole Porter, Martin Luther King et le général Franco. Une dégustation conclut la découverte des chais.

En poursuivant au nord, arrêtez-vous à la **bodega Pedro Domecq** *(p. 66)*, l'une des plus vieilles de Jerez. Toujours dans la même direction, à un pâté de maisons, le museo Arqueológico mérite la visite ; sa plus belle pièce est un casque grec du VIIe s. av. J.-C. Vous pénétrez ensuite dans le barrio de Santiago, qui montre des signes de délabrement. Son labyrinthe de ruelles abrite une communauté gitane et des clubs de flamenco.

Pour apporter la touche finale à votre flânerie, sortez du *barrio* à l'est et dépassez l'église de San Juan pour rejoindre le Restaurante Gaitán 🍴 *(C/Gaitán 3 • 956 34 58 59 • €€€)* à la fine cuisine andalouse et basque.

7 Gibraltar
Possession britannique depuis 1713, le promontoire d'une hauteur de 426 m qui commande l'accès au détroit reliant la Méditerranée à l'Atlantique reste un sujet de discorde entre l'Espagne et le Royaume-Uni. La frontière, à La Línea de la Concepcíon, a cependant rouvert après être restée fermée de 1963 à 1985. La colonie compte quelque 30 000 habitants. Dans la ville, la cathédrale d'origine gothique et le palais du gouverneur installé dans un ancien couvent bordent Main Street. Non loin, le Gibraltar Museum occupe une maison coloniale dont le sous-sol renferme des bains arabes. Il retrace l'histoire d'une enclave qui a fini par acquérir son identité propre. Un funiculaire conduit au sommet du Rocher d'où s'ouvre un splendide panorama. À mi-chemin, l'Apes Den abrite une colonie de singes de Barbarie sauvages introduits par les Arabes au IXe s. Le jour où ils s'en iront, dit la légende, les Anglais partiront aussi. ✆ *Plan C6 • Gibraltar Museum : 18/20 Bomb House Lane ; 74 289 ; lun.-ven. 10h-18h, sam. 10h-14h ; EP*

➲ *Catégories de prix des restaurants* **p. 85**

Le xérès

Les villes de Jerez de la Frontera, Sanlúcar de Barrameda et El Puerto de Santa María délimitent le réputé « triangle du xérès » où les Phéniciens plantèrent de la vigne il y a 3 000 ans. Sa production était exportée dans tout l'Empire romain. Plus ou moins secs *(p. 67)*, ses crus fortifiés, c'est-à-dire additionnés d'eau-de-vie, connaissent un grand succès en Grande-Bretagne depuis le XVIe s. Le système d'affinage en *soleras*, où le vin le plus jeune est mélangé à du plus ancien dans une pyramide de tonneaux, leur assure une qualité constante. Le digestif appelé brandy de Jerez est plus riche et plus doux que le cognac français.

8 Arcos de la Frontera

Le plus occidental des *pueblos blancos* offre un spectacle étonnant, car il s'étage au flanc d'une éminence rocheuse dressant une paroi verticale au-dessus du río Guadalete. Il garde peu de vestiges de la période précédant sa reconquête, en 1250. Il devint ensuite un bastion chrétien à la frontière des territoires maures, d'où son nom. Un musée-boutique d'artisanat, la galería de Arte Arx-Arcis, expose des tapis, couvertures, poteries et paniers fabriqués localement *(p. 102)*.
⌾ *Plan C5 • Galería de Arte Arx-Arcis : c/Marques de Torresoto 11 ; juin-sept. : lun.-ven. 10h30-14h et 17h30-21h30, sam. 10h30-16h30 ; oct.-mai : lun.-sam. 10h30-14h et 16h30-20h ; EG*

9 Jerez de la Frontera

La plus grande ville de la province de Cadix *(p. 97)* a pour origine la colonie phénicienne de Xera, dont le nom deviendra Sherez ou Xérès pendant l'occupation arabe. Sa région produit chaque année un million d'hectolitres des célèbres crus qui portent toujours ce nom. Jerez est aussi un grand centre d'élevage et de dressage du cheval andalou, fêté lors de la feria del Caballo, début mai. L'École royale d'art équestre jouit d'une réputation internationale et mieux vaut réserver très longtemps à l'avance une place au spectacle qu'elle propose (www.realescuela.org). Le quartier médiéval renferme de belles églises et demeures historiques *(p. 58-59)*. Une importante communauté gitane entretient une tradition très pure du flamenco. ⌾ *Plan B5*

10 Costa de la Luz

La côte de la Lumière s'étend en façade atlantique entre Chipiona *(p. 99)*, sur le golfe de Cadix, et Tarifa, dans le détroit de Gibraltar. Malgré de belles plages de sable blanc, souvent au pied de falaises, les vents, appréciés des véliplanchistes mais redoutés des amateurs de bains de soleil ont freiné son développement touristique. Ses stations balnéaires, assez préservées, restent principalement fréquentées par des Espagnols. ⌾ *Plan B5-C6*

Costa de la Luz

Gauche **El Chorro** Droite **El Puerto de Santa María**

⁝10 Autres visites

1 El Torcal
Cette réserve naturelle réputée pour ses curieuses formations rocheuses se prête à d'intéressantes randonnées *(p. 45).* ✆ *Plan D4*

2 El Chorro
Prenez à pied un pont ferroviaire, puis un tunnel, et vous aurez les meilleurs points de vue de ce ravin creusé dans la montagne par le río Guadalhorce. ✆ *Plan D4*

3 Alcázar de Jerez
Jadis intégrée à un rempart de 4 km, la forteresse maure de Jerez renferme une mosquée bien conservée, devenue la chapelle Santa María La Real. Une coupole octogonale couvre le *mihrab.* ✆ *Alameda Vieja • Plan B5 • Ouv. mai-mi-sept. : lun.-sam. 10h-20h, dim. 10h-15h ; mi-sep.-avr. : t.l.j. 10h-18h • EP*

4 Tarifa
Au point le plus méridional d'Europe, à 11 km de l'Afrique, Tarifa fut la première ville conquise par les Arabes en 710. Elle est très appréciée des véliplanchistes. ✆ *Plan C6*

5 Algésiras
Mieux vaut éviter cette ville industrielle et polluée, premier port de passagers d'Espagne. Si vous devez attendre avant d'embarquer pour le Maroc, flânez dans le quartier de la plaza Alta. ✆ *Plan C6*

6 El Puerto de Santa María
Dans cette ville du « triangle du xérès », trois bodegas proposent des visites guidées *(p. 66-67).* ✆ *Plan B5*

7 Sanlúcar de Barrameda
Réputé pour son xérès *manzanilla* et ses produits de la mer, ce port à l'embouchure du Guadalquivir possède aussi d'élégants palais et églises. Dans le quartier ancien entourant le château, des caves proposent visites et dégustations. ✆ *Plan B5*

8 Chipiona
Cette jolie station balnéaire s'emplit en haute saison de vacanciers espagnols venus profiter de ses kilomètres de plages. L'atmosphère y reste toutefois paisible. ✆ *Plan B5*

9 Vejer de la Frontera
C'est le *pueblo blanco* *(p. 96)* qui a le plus gardé son caractère arabe. Vejer conserve quatre portes fortifiées édifiées par les Maures, et son dédale de ruelles semble n'avoir pas changé en 1 000 ans. ✆ *Plan C6*

10 Medina Sidonia
Le principal monument de ce bourg perché sur une colline est une église gothique bâtie au xve s. Elle renferme un retable plateresque haut de 15 m. ✆ *Plan C5 • Iglesia de Santa María la Coronada : plaza Iglesia Mayor ; été : ouv. t.l.j. 10h-14h et 16h-20h, hiver : t.l.j. 10h30-14h et 16h-19h30 ; EP*

➔ *Pages suivantes :* **cathédrale de Cadix**

99

Visiter l'Andalousie – Provinces de Málaga et Cadix

Gauche **Hecho en Cádiz** Droite **Mediterráneo**

TOP 10 Faire des achats

1 Vins de Málaga
Dans la vieille ville, la bodega El Pimpi aux fenêtres fleuries de géraniums propose une sélection des vins liquoreux issus de moscatel et de pedro ximénez typiques de la région. Dans un décor évoquant une maison traditionnelle andalouse, elle expose fièrement aux murs les photos de célébrités qu'elle a comptées comme clients *(p. 67)*. ✎ *C/Granada 68 • Plan R5*

2 Cuir
Les tarifs pratiqués par les boutiques de Ronda *(p. 24-25)* pour les articles en cuir figurent parmi les plus intéressants d'Espagne. Ne vous étonnez pas des étiquettes de grandes marques, celles-ci sont nombreuses à confier la fabrication de leurs accessoires de maroquinerie à des entreprises des environs.

3 Mediterráneo, Cadix
Le meilleur magasin d'artisanat traditionnel de Cadix vend des céramiques, des tapis, des couvertures, des bougies et des bijoux à des prix accessibles. ✎ *C/San Pedro 12 • Plan B5*

4 Hecho en Cádiz, Cadix
Cette boutique éclectique fait voisiner les peintures et sculptures d'artistes locaux avec des objets artisanaux et des spécialités culinaires de la région telles qu'huile d'olive, vin et miel. ✎ *Plaza Candelaria • Plan B5*

5 Los Duros Antiguos, Cadix
Voici l'endroit où acheter des souvenirs liés au carnaval : CD, cassettes vidéo, T-shirts et affiches *(p. 60)*. ✎ *C/Beato Diego de Cádiz • plan B5*

6 Costumes flamenco
À Jerez de la Frontera, réputée pour la pureté de sa tradition, vous trouverez de splendides tenues chez Antolín Díaz Salazar. ✎ *plan B5 • Antolín Díaz Salazar : c/Esteve 2, Jerez*

7 Équipement équestre
Dans la ville de l'École royale d'art équestre, passez d'abord chez Arcab. ✎ *plan B5 • Arcab : Divina Pastora Bloque 1, Jerez*

8 Xérès
Dans ce domaine également, le meilleur choix est disponible à Jerez de la Frontera *(p. 66-67 et 98)*.

9 Textiles traditionnels
Les villages de Grazalema et d'Arcos de la Frontera *(p. 98)* produisent des tissages artisanaux réputés, couvertures, ponchos et tapis notamment.

10 Gibraltar
La colonie présente deux intérêts au niveau des achats : elle n'applique pas de taxes à la vente et la plupart des grandes chaînes britanniques comme Marks & Spencer et The Body Shop y possèdent des succursales. ✎ *Plan C6*

Gauche et droite **Terrains de golf de la Costa del Sol**

TOP 10 Jouer au golf sur la Costa del Sol

1 Valderrama
Chef-d'œuvre de Robert Trent Jones, le plus célèbre des quelque 60 parcours de la Costa del Sol est considéré comme le meilleur d'Europe continentale. Il a accueilli la Ryder Cup en 1997. ❧ *Ctra Cádiz-Málaga, km 132, Sotogrande • plan D6 • 956 79 12 00*

2 Real Club de Golf Sotogrande
Le club royal de Sotogrande, inauguré en 1964, reste parmi les dix terrains de golf les plus renommés d'Europe, et mieux vaut réserver à l'avance son parcours. Robert Trent Jones a agrémenté les fairways de nombreux obstacles aquatiques. ❧ *Paseo del Parque, Sotogrande • plan D6 • 956 78 50 14*

3 San Roque
Le concepteur du San Roque, ouvert en 1990, Dave Thomas, a orienté les trous en fonction de la direction du vent dominant. ❧ *N-340, km 126,5, San Roque • plan C6 • 956 61 30 30*

4 Real Club Las Brisas
Le club royal Las Brisas est également une œuvre de l'Américain Robert Trent Jones qui l'a doté de greens surélevés et de nombreux bunkers et plans d'eau. Depuis son achèvement en 1968, il a accueilli deux coupes du monde et trois opens d'Espagne. ❧ *Nueva Andalucia, au-dessus de Puerto Banús, Marbella • plan D5 • 952 81 30 21*

5 Alcaidesa Links
Peter Alliss et Clive Clark ont aménagé le seul parcours en bord de mer d'Espagne, inauguré en 1992. ❧ *N-340, km 124,6, La Línea • plan C6 • 956 79 10 40*

6 Golf El Paraíso
Gary Player a dessiné ce club de golf de style britannique. ❧ *Ctra N-340, km 167, Estepona • plan D5 • 952 88 38 46*

7 Los Arqueros
Le premier terrain de golf de la Costa del Sol conçu par le champion espagnol Seve Ballesteros met à l'épreuve jusqu'aux professionnels. ❧ *Ctra de Ronda, km 163,5, Benahavis • plan D5 • 952 78 46 00*

8 Miraflores
Les trous imaginés par Folco Nardi pour le Miraflores demandent un bon niveau. ❧ *Riviera del Sol, ctra de Cadiz, km 198, Mijas • plan D5 • 952 93 19 60*

9 La Duquesa
Dessiné par Robert Trent Jones en 1985, le parcours ménage de belles vues de la mer et de Gibraltar. ❧ *Urb. El Hacho, N-340, km 143, Manilva (à l'ouest d'Estepona) • plan D5 • 952 89 04 25*

10 La Cañada
La longueur du premier trou donne le ton. Au 4, le green ne devient visible qu'au troisième coup. ❧ *Ctra Guadiaro, km 1, Guadiaro, San Roque • plan C6 • 956 79 41 00*

> *Un parcours coûte entre 50 € et 300 €. Certains terrains de golf proposent des forfaits à la journée.*

Gauche **Atrévete** Droite **Olivia Valere**

⑩ Où sortir sur la Costa del Sol

1 Olivia Valere, Marbella
Décoré par le concepteur du Buddha Bar de Paris, le club en vogue auprès de l'élite fortunée pratique une sélection draconienne et des prix élevés. ✆ *Crta de Istán, km 0,8 • plan D5*

2 La Comedia, Marbella
L'atmosphère s'anime vraiment vers trois heures du matin dans cette boîte de Puerto Banús appréciée de la jeunesse dorée. ✆ *C/San Lázaro, plaza del Puerto, local 2 • plan D5*

3 Dreamers, Marbella
Il règne également une ambiance jeune dans cette discothèque où se déhanchent des gogo danseuses. Des DJ de réputation internationale tiennent les platines pendant les nuits d'été. ✆ *Ctra N-340, km 175, Rio Verde, Nueva Andalucía • plan D5*

4 Kiu, Benalmádena
Avec ses trois pistes, la plus grande discothèque d'une place très animée permet de choisir entre de la musique latino, hardcore ou de hit-parade. ✆ *Plaza Sol y Mar • plan D5*

5 Casino Torrequebrada, Benalmádena Costa
Pour jouer au casino de l'hôtel Torrequebrada - blackjack, chemin de fer, punto y banco et roulette -, une tenue de ville est nécessaire. La boîte de nuit présente des spectacles de flamenco. ✆ *Ctra de Cádiz • plan D5*

6 Atrévete, Torremolinos
On danse ici jusqu'au petit matin sur de la salsa et autres rythmes latinos. ✆ *Avda Salvador Allende 10, La Carihuela • plan E5*

7 Fun Beach, Torremolinos
L'ancien Pipers revendique le titre de plus grande boîte de nuit du monde avec huit pistes de danse et une piscine. Serveurs et serveuses officient en maillot de bain. ✆ *Avda Palma de Mallorca, près de la c/San Miguel • plan E5*

8 The Palladium, Torremolinos
Cette discothèque très populaire occupe deux niveaux et possède une piscine intérieure et un bon matériel de sonorisation. Éclairages stroboscopiques et gogo danseuses contribuent à l'ambiance. ✆ *Avda Palma de Mallorca 36 • plan E5*

9 Rincón Flamenco, Torremolinos
Très touristique, ce club de flamenco n'en offre pas moins l'occasion de passer une bonne soirée. Les horaires des spectacles varient. N'arrivez pas avant 22 h. ✆ *Avda Pez Espada, La Carihuela • plan E5*

10 Torremolinos gay
Dans une rue plutôt gay où les noms changent souvent, essayez l'Abadía (n° 521), le Contactos (n° 204) et le Tensión (n° 524). ✆ *Tout le long de la c/La Nogalera • plan E5*

Visiter l'Andalousie – Provinces de Málaga et de Cadix

Catégories de prix

Pour un repas avec	€ moins de 20 €
entrée, plat, dessert et	€€ 20 €–30 €
une demi-bouteille de	€€€ 30 €–40 €
vin (ou repas équivalent),	€€€€ 40 €–50 €
taxes et service compris.	€€€€€ plus de 50 €

Ci-dessus **Bar Altamirano**

Où manger sur la Costa del Sol

1 La Posá Dos, Estepona
Dans un cadre propice à un dîner romantique, les mets espagnols comprennent des brochettes de poisson et de l'agneau rôti. ✪ *C/Caridad 95 • plan D5 • 952 80 00 29 • fer. midi, mer. • €€*

2 Bar Altamirano, Marbella
Malgré son côté huppé, Marbella possède plusieurs bars à tapas traditionnelles et aux tarifs accessibles. Celui-ci se trouve au sud-est de la plaza de los Naranjos. Des cartes en céramique portent la liste des spécialités de poisson. ✪ *Plaza Altamirano 4 • plan D5 • 952 82 49 32 • fer. mer., mi-janv.-mi-fév. • €*

3 El Estrecho, Marbella
Cet autre bar à tapas, apprécié des habitants de la ville, sert en terrasse un bon *fino* et des mets comme les *almejas marinera* (clovisses au vin). ✪ *C/Lázaro • plan D5 • 952 77 00 04 • fer. dim., mi-mai-mi-juin • €*

4 Mar de Alborán, Benalmádena Costa
Ce restaurant d'hôtel propose des recettes espagnoles, portugaises et basques. ✪ *Hotel Alay, avda de Alay 5 • plan D5 • 952 44 64 27 • accès handicapés • €€€*

5 Bodegas Quitapeñas, Torremolinos
Même Torremolinos abrite au moins un bon bar à tapas. ✪ *C/Cuesta del Tajo 3 • plan E5 • 952 38 62 44 • pas de cartes de paiement • €*

6 Restaurante La Escalera, Torremolinos
La terrasse ménage une vue de rêve, et les plats créatifs comprennent une soupe au curry et aux petits pois. ✪ *C/Cuesta del Tajo 12 • plan E5 • 952 05 80 24 • fer. dim. • accès handicapés • €€*

7 Las Acacias, Málaga
Ce café en plein air sur la plage propose la spécialité de la côte, les *sardinas ensartadas* (sardines grillées en brochette). ✪ *Paseo Marítimo, El Pedregalejo 90 • plan E5 • 952 29 89 46 • pas de cartes de paiement • €*

8 El Tintero II, Málaga
Pas de menu affiché dans cet autre restaurant sur la plage, le serveur récite la liste des plats... de poisson, bien sûr. ✪ *Ctra Almería 99, playa El Palo • plan E5 • 607 60 75 86 • accès handicapés • pas de cartes de paiement • €€*

9 Mirador del Bendito Café, Nerja
Ce café taillé dans la falaise offre vue de la mer sous la protection de parasols en palmes. ✪ *Sous la plaza Cueva del Bendito • plan E5*

10 El Ancladero, Nerja
Le panorama de la Méditerranée rend le lieu populaire auprès des photographes. Steak et produits de la mer occupent le premier plan sur une carte éclectique. ✪ *Playa El Capistrano • plan E5 • 952 52 19 55 • accès handicapés • €€*

> **Remarque :** sauf indication contraire, tous les restaurants acceptent les cartes de paiement et proposent des plats végétariens.

Gauche **Las Bridas, Ronda** Droite **Anfiteatro, Cadix**

TOP 10 Où sortir dans la région

1 Varsovia, Málaga
Dans cette discothèque de la vieille ville, une clientèle de tous âges danse sur de la disco des années 1980 où se glissent quelques succès actuels. ◈ *C/José Denis Belgrado 5 • plan R5*

2 ZZ Pub, Málaga
Les deux groupes qui jouent le lundi et le jeudi dans cet établissement sans prétention du quartier ancien attirent principalement des étudiants. Un DJ officie tous les soirs. ◈ *C/Teján y Rodríguez 6 • plan Q4*

3 Ronda
Le Café Las Bridas sert des bières importées et accueille des musiciens le week-end à partir de minuit. Au Café Pub Siete Locos, on danse sur de l'électropop espagnole. ◈ *Plan D5 • Café Las Bridas : c/Remedios 18 • Café Pub Siete Locos : c/Carlos Lobo 4*

4 Nerja
Le Castillo compte parmi les meilleures discothèques de la ville. Une musique plus nonchalante résonne au Casbah, où la nuit finit souvent sur des rythmes antillais. ◈ *Plan E5 • Castillo : c/Diputación 12 • Casbah : c/Antonio Millón C/1, edificio Jábega II*

5 Cadix
Le quartier du port abrite de nombreuses boîtes de nuit, dont l'Anfiteatro, l'une des plus agréables. ◈ *Plan B5 • Anfiteatro : paseo Almirante Pascual Pery Junquera*

6 Flamenco à Cadix
Une chaude ambiance règne aux clubs la Peña La Perla et El Quini. ◈ *Plan B5 • Peña La Perla : c/Carlos Ollero • El Quini : angle de San Félix et Pericón de Cádiz*

7 Flamenco à Jerez
Le flamenco de Jerez, authentique, jouit d'une haute réputation, et le quartier gitan de Santiago renferme plusieurs établissements où se produisent des artistes. Il ne s'y passe pas grand-chose avant 22 h. ◈ *Plan B5*

8 Tarifa
Vous n'aurez même pas besoin de quitter la plage pour danser en plein air au Balneario où l'on marche sur du sable dans une atmosphère exotique. En ville, le Tanakas peut accueillir près de 1 000 personnes ◈ *Plan C6 • Il Balneario : playa Chica • Tanakas : plaza de San Hiscio*

9 Gibraltar
La ville compte plus de 360 pubs, mais ils ferment à 23 h. Les noctambules se rabattront sur les bars de Queensway Quay, de Marina Bay et de Casemates Square où des musiciens se produisent souvent. ◈ *Plan C6*

10 Jouer à Gibraltar
Le Ladbroke International Casino Club permet de tenter sa chance et de dîner en ayant une vue spectaculaire de la baie. ◈ *7 Europa Road • plan C6*

Visiter l'Andalousie – Provinces de Málaga et de Cadix

Ci-dessus **El Faro, Cadix**

TOP 10 Où manger dans la région

1 Ventorrillo del Chato, Cadix

Le plus vieux restaurant de la ville (1780), sur la playa de Cortadura, est aussi l'un des meilleurs. Essayez le *salmorejo*, un potage à la tomate, et la daurade en croûte de sel *(dorada a la sal)*. ◈ *Ctra Cádiz-San Fernando, km 2 (via Augusta Julia)* • plan B5 • 956 25 00 25 • fer. dim. • €€

2 El Faro, Cadix

Ce bastion de la cuisine gaditienne doit sa renommée à des plats à base de produits de la mer comme le loup *(lubina)* et les langoustines *(cigalas)*. ◈ *C/San Felix 15* • plan B5 • 956 21 10 68 • €€€€

3 El Bosque, Jerez

L'élégant El Bosque, la meilleure table de Jerez, sert bien entendu d'excellentes spécialités de poisson et de fruits de mer. ◈ *Avda Alvaro Domecq 26* • plan B5 • 956 30 70 30 • fer. dim, lun. soir • €€€€

4 Bar Juanito, Jerez

Les tapas les plus réputées de la capitale du xérès comprennent les *fideos con gambas* (pâtes aux crevettes). ◈ *C/Pescadería Vieja 8 et 10* • plan B5 • 956 33 48 38 • €

5 Casa Flores, El Puerto de Santa María

La beauté d'un décor chaleureux ajoute au plaisir offert par des produits de la mer d'une grande fraîcheur. ◈ *C/Ribera del Río 9* • plan B5 • 956 54 35 12 • €€€€

6 Tragabuches, Ronda

L'un des meilleurs chefs d'Andalousie aborde sous un angle neuf la cuisine locale avec des délices comme un gazpacho en sorbet, et une soupe à l'ail, au hareng, à l'œuf et à la figue. ◈ *C/José Aparicio 1* • plan D5 • 952 19 02 91 • fer. dim. soir, lun. • €€€€

7 Tetería Al-Zahra, Ronda

Cet authentique café arabe sert d'excellents couscous et tajines, et, bien entendu, du thé à la menthe. ◈ *C/Las Tiendas 19* • plan D5 • 607 74 51 73 • fer. mar. • pas de cartes de paiement • €

8 Bar La Farola, Ronda

Les *chipirones* (petits calmars), les *berenjenas* (aubergines) et les chorizos sont excellents dans ce bar à tapas traditionnel. ◈ *C/Santa Cecilia 12* • plan D5 • 952 87 91 52 • fer. dim. • €

9 Antigua Casa de Guardia, Málaga

La plus vieille *taberna* de Málaga date de 1840. Quelque vingt tonneaux, remplis de vins locaux différents, sont alignés au comptoir. Essayez les *mejillones* (moules à la vapeur). ◈ *Alameda Principal 18* • plan Q5 • 952 21 46 80 • €

10 Antonio Martín, Málaga

Des poissons frits de plusieurs espèces composent la *fritura malagueña* présente à la carte de cet excellent restaurant. ◈ *Paseo Marítimo 16* • plan E5 • 952 22 21 13 • €€

Remarque : sauf indication contraire, tous les restaurants acceptent les cartes de paiement et proposent des plats végétariens.

Gauche **Monasterio de la Cartuja, Grenade** Droite **Habitats troglodytiques, Guadix**

Provinces de Grenade et d'Almería

L e patrimoine architectural laissé par les derniers princes musulmans
d'Espagne fait de Grenade l'une des villes du pays qui accueille le plus
de visiteurs. Ceux-ci négligent fréquemment le reste de la région, alors que
les deux provinces formant le sud-est de l'Andalousie possèdent des sites
naturels préservés, en particulier sur la côte et dans la sierra Nevada, et
abritent des villes et des villages empreints d'histoire et qui ont su rester
authentiques. Aux environs de Tabernas, les paysages semi-désertiques
éveilleront des souvenirs chez les cinéphiles. Les
décors dressés pour y tourner des westerns
« spaghettis » sont devenus des parcs à thème.

Arc maure, Grenade

10 Les sites

1. Sierra Nevada
2. Grenade maure
3. Cathédrale et Capilla Real, Grenade
4. Monasterio de la Cartuja, Grenade
5. Museo-Casa Natal Federico García Lorca
6. Alhama de Granada
7. Almuñecar et Costa Tropical
8. Guadix
9. Almería et alentours
10. Villes « western »

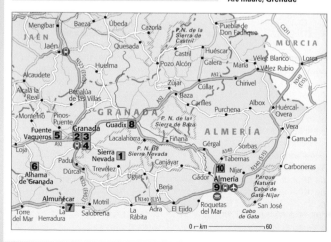

1 Sierra Nevada

La chaîne montagneuse la plus haute d'Europe après les Alpes renferme une station de sports d'hiver au domaine skiable bien équipé, et des sentiers de randonnée appréciés des marcheurs au printemps et en été. Les naturalistes s'intéresseront à sa flore qui compte plus de 60 espèces endémiques. Sur ses contreforts sud, les villages des Alpujarras préservent une identité née d'un long isolement *(p. 32-33)*.

2 Grenade maure

Des millions de visiteurs viennent chaque année s'émerveiller du décor digne des *Mille et Une Nuits* offert par le palais de l'Alhambra, le château médiéval arabe le mieux conservé du monde, et les jardins du Generalife qui le prolongent. Sur la colline en face, le quartier de l'Albaicín a conservé son caractère maure. Dans le quartier de Sacromonte, un grand nombre des grottes, jadis habitées par des gitans, abritent des clubs de flamenco *(p. 8-13)*.

3 Cathédrale et Capilla Real, Grenade

La cathédrale est principalement Renaissance bien qu'elle fût commencée dans le style gothique. Sa façade baroque a été dessinée par Alonso Cano. Elle fut élevée à Grenade pour affirmer le triomphe du catholicisme. L'intérieur s'organise autour de la rotonde richement décorée de la Capilla Mayor. Enrique de Egas entreprit en 1505 la superbe capilla Reale destinée à recevoir les tombeaux des Rois Catholiques. Elle abrite une grille platéresque somptueusement ouvragée par

Cathédrale, Grenade

Bartolomé de Jaén. Certaines sculptures du retable du maître-autel ont pour thème la prise de Grenade. Le musée contient des joyaux de la couronne et des œuvres par Roger van der Weyden et Sandro Botticelli *(p. 41)*. ✎ Plan Q2

• Catedral : c/Gran Via 5 ; ouv. lun.-sam. 10h45-13h30 et 16h-20h, dim. 16h-20h (jusqu'à 19h en nov.-mars) ; EP

• Capilla Real : c/Oficios 3 ; ouv. avr.-oct. : lun.-sam. 10h30-13h et 16h-19h, dim. 11h-13h et 16h-19h ; nov.-mars : lun.-sam. 10h30-13h et 15h30-18h30, dim. 11h-13h et 15h30-18h30 ; EP

4 Monasterio de la Cartuja, Grenade

Malgré un extérieur austère, l'église de la chartreuse de Grenade possède un exubérant décor intérieur baroque, en particulier dans la sacristie où marbres et stucs d'une extrême complexité créent un effet visuel étonnant. Un moine mit 34 ans à fabriquer ses meubles incrustés d'ivoire, d'écaille et d'argent.

✎ Paseo de la Cartuja • plan F4 • ouv. avr.-oct. : lun.-sam. 10h-13h et 16h-20h, dim. 10h-12h et 16h-20h ; nov.-mars : lun.-sam. 10h-13h et 15h30-18h, dim. 10h-12h et 15h30-18h ; EP

5 Museo-Casa Natal Federico García Lorca

Dans un village proche de Grenade, la maison natale de Federico García Lorca est devenue un musée où des documents et des souvenirs - projets de décors et costumes de théâtre - évoquent sa carrière et ses liens avec d'autres créateurs, dont le compositeur Manuel de Falla *(p. 57)*. ◎ *c/Poeta García Lorca 4, Fuente Vaqueros • plan F4 • ouv. avr.-juin, sept. : mar.-dim. 10h-13h et 17h-19h ; juil.-août : mar.-dim. 10h-14h ; oct.-mars : mar.-dim. 10h-13h et 16h-18h • EP*

6 Alhama de Granada

Ce village accroché au bord d'un précipice vertigineux doit son nom, dérivé d'*al-hamma* (source chaude en arabe), à ses thermes déjà connus à l'époque romaine. À l'Hotel Balneario, des arcs de style califal parent une citerne du XIe s. L'iglesia de la Encarnación édifiée au XVIe s. possède une façade dessinée par Enrique Degas et renferme des vêtements liturgiques qu'aurait brodés la reine Isabelle de Castille. Un belvédère offre un panorama impressionnant du ravin. ◎ *Plan E4*

Plasticulture

Si vous approchez de la zone côtière depuis l'ouest, vous remarquerez l'ampleur des cultures sous abri en plastique, une pratique qui donne presque un aspect maritime aux abords d'Almería. Cette *plasticultura* permet de conserver au maximum le peu d'humidité disponible sur ces terres arides. La technique demande une main-d'œuvre relativement importante, fournie principalement par des ouvriers agricoles itinérants originaires d'Afrique du Nord.

Château dominant Almuñécar

7 Almuñécar et la Costa Tropical

Principale ville de la Costa Tropical, sans doute la côte la plus spectaculaire d'Espagne avec ses montagnes tombant dans la mer, Almuñécar vit aujourd'hui presque uniquement du tourisme balnéaire. Sa fondation remonte aux Phéniciens et son port joua un rôle important à l'époque de la domination maure. Le Musée archéologique occupe une grotte, la cueva de Siete Palacios. Sa collection comprend un vase égytien du VIIe s. av. J.-C. *(p. 55)*. ◎ *Plan F5 • Museo Arqueológico Cueva de Siete Palacios : barrio de San Miguel ; lun.-ven. 10h30-13h30 et 18h-20h, sam. 10h30-13h30 ; EP*

8 Guadix

Cette ville d'origine préhistorique dont la cathédrale associe les styles gothique, Renaissance et baroque possède un quartier troglodytique, le barrio de las Cuevas, auquel les cheminées jaillissant ici et là de collines brunes donnent un aspect surréaliste. Vous pourrez y visiter la Cueva-Museo, et même y séjourner dans un hôtel creusé dans le rocher *(p. 145)*. ◎ *Plan F4 • Cueva-Museo : plaza Padre Poveda ; été : lun.-sam. 10h-14h, et 17h-19h, dim. 10h-14h ; hiver : lun.-sam. 10h-14h et 16h-18h, dim. 10h-14h ; EP*

9 Almería

Almería a gardé son nom poétique (*al-mariyat* signifie « miroir de la mer » en arabe), mais a connu un développement récent qui lui a fait perdre une grande part de son charme. Le quartier ancien, au pied d'une forteresse maure du xe s., reste néanmoins agréable. La cathédrale fortifiée, de styles gothique et Renaissance, abrite trois peintures d'Alonso Cano.

Plan G4 • Alcazaba : c/Almanzor ; ouv. avr.-oct. : mar.-dim. 9h-20h30 ; nov.-mars : mar.-dim 9h-18h30 ; EP

10 Villes « western »

Avec ses paysages arides creusés de ravins, l'intérieur de la province d'Almería ressemble tant au sud-ouest des États-Unis qu'il a servi au tournage de nombreux westerns dit « spaghettis » dans les années 1960 et 1970. Trois décors sont devenus des parcs à thème où se produisent des cascadeurs : Mini Hollywood (p. 63), Texas Hollywood et Western Leone.

Mini Hollywood : ctra N340, km 364, Tabernas ; plan G4 ; été : ouv. t.l.j. 10h-21h, hiver : mar.-dim. 10h-19h ; EP • Texas Hollywood : ctra N340, km 468, Paraje de Lunhay, Tabernas ; plan G4 ; ouv. t.l.j. 9h-21h ; EP • Western Leone : ctra C3326, Tabernas ; plan G4 ; été : t.l.j. 9h30-coucher du soleil ; hiver : sam.-dim. 9h30-coucher du soleil ; EP

Plaza Vieja, Almería

Une matinée à Grenade

🕐 Partez de la plaza Bib-Rambla où se tient un petit marché aux fleurs. Au centre se dresse la fontaine de Neptune, à l'ouest s'étend le dédale de rues commerçantes appelé l'**Alcaicería** (p. 114). Ne manquez pas le corral del Carbón du xive s. Cet ancien caravansérail abrite des boutiques d'artisanat et un office du tourisme.

Visitez la **cathédrale** (p. 109) quand elle ouvre. À l'autel Saint-Jacques, remarquez l'immense statue équestre de Santiago el Matamoros (le « tueur de Maures ») par Alonso de Mena. La **Capilla Real** (p. 109) abrite les tombeaux Renaissance des Rois Catholiques, sculptés par Domenico Fancelli. Leur décor incorpore une grenade fendue, symbole de la défaite de la cité maure. La crypte qui s'étend sous les cénotaphes renferme les cercueils en plomb des souverains.

Continuez à l'ouest jusqu'au río Darro et la longue esplanade de la **plaza Nueva** (p. 47) dont les terrasses de cafés se prêtent à une pause.

Vous allez maintenant pénétrer dans le labyrinthe de l'**Albaicín** (p. 12-13). Remontez la calle Elvira jusqu'à la calle Calderería Vieja, cœur d'un quartier dont l'atmosphère évoque l'Afrique du Nord. Poursuivez votre chemin dans les ruelles pentues jusqu'à **La Tetería del Bañuelo** (p. 116), l'endroit idéal où savourer des pâtisseries marocaines en buvant un thé à la menthe.

Pages suivantes : **quartier de l'Albaicín, Grenade**

Gauche **Coffret marqueté, Grenade** Droite **Articles marocains, Albaicín**

Artisanats traditionnels

1 La Alcaicería, Grenade
L'ancien marché de la soie de la Grenade musulmane doit ses arcs en fer à cheval et ses stucs à une reconstitution moderne. Ses éventaires colorés proposent des objets de toute nature, entre autres des bijoux en argent, des soieries brodées et de la céramique. ✆ *Plan Q2*

2 Albaicín, Grenade
Dans le quartier qui a le plus conservé son aspect maure, d'authentiques commerces marocains se serrent dans deux rues pentues partant de la calle Elvira : la calderería Vieja et la calderería Nueva *(p. 12-13)*.

3 La Alacena, Grenade
Cette épicerie fine propose une belle sélection de produits culinaires de la région, jambons de la sierra Nevada, huile d'olive et vins notamment. ✆ *C/San Jerónimo 3 • plan F4*

4 Arcos, Grenade
Arcos a pour spécialités l'argenterie et la céramique. Celle d'origine marocaine se distingue par ses motifs raffinés et des couleurs pâles. ✆ *Carrera del Darro 25 • plan R2*

5 Manuel Morillo Castillo, Grenade
Ce fabricant de meubles de style arabe et de boîtes en *taracea* (marqueterie) vend directement sur place *(p. 64)*. ✆ *Cuesta de Gomérez 8 • plan R2*

6 El Rocío, Grenade
Vous trouverez ici tout l'équipement pour participer à une *romería* ou une fête locale ; robes à volants, châles en dentelle et mantilles sont disponibles dans toutes les tailles. ✆ *C/Capuchinas 8 • plan Q2*

7 Cerámica Fabre, Grenade
Plats, assiettes, tasses, saladiers, cendriers... Ce magasin propose un large choix de poteries traditionnelles grenadines *(p. 64)*. ✆ *Plaza Pescadería • plan F4*

8 Artesania El Suspiro, Grenade
De nombreuse productions artisanales, notamment des azulejos et des tapis multicolores. ✆ *Plaza Santa Ana 1 • plan R2*

9 Artisanat des Alpujarras
Les villages des contreforts sud de la sierra Nevada sont réputés pour leurs *jarapas* (tapis). Parmi les autres articles en tissage faits main figurent des sacs, des ponchos et des couvertures. Ils sont vendus, ainsi que les céramiques locales, sur les marchés hebdomadaires de toute la région. ✆ *Plan G4*

10 Níjar, province d'Almería
Vous trouverez dans la calle Las Eras du barrio Alfarero les poteries et *jarapas* pour lesquelles cette ville côtière est renommée. ✆ *Plan H4*

Visiter l'Andalousie – Provinces de Grenade et d'Almería

114

Gauche **Babylon** Droite **Planta Baja**

🔟 Vie nocturne

1 El Camborio, Grenade
Cette discothèque installée dans les grottes du Sacromonte *(p. 13)* possède quatre pistes de danse et un toit en terrasse offrant une vue remarquable de l'Alhambra au lever du soleil. Mieux vaut y aller le week-end, à moins d'apprécier le calme. 🅢 *Camino del Sacromonte 48 • plan S1*

2 Granada 10, Grenade
Dans un ancien théâtre des années 1930 au décor préservé, une clientèle de tous âges et styles danse sous des lustres en cristal et sur une bande-son, surtout composée de succès. 🅢 *C/Carcel Baja 3 • plan Q2*

3 Babylon, Grenade
Le Babylon devrait vous convenir si vous cherchez une boîte de nuit sans prétention où passent du reggae, du hip-hop, du rap, du funk et du R and B. La décoration se limite à un ou deux posters de Bob Marley et à quelques spots colorés. La maison offre deux bouteilles de mousseux aux clients dont c'est l'anniversaire. 🅢 *C/Silleria b • plan F4*

4 Sala Príncipe, Grenade
Sur deux niveaux, l'aménagement tient de l'imitation assez vulgaire du style des palais de l'Alhambra situés sur la colline au-dessus. Le DJ se cantonne surtout à la pop espagnole et à la salsa, mais accepte les demandes. 🅢 *Campo del Príncipe 7 • plan R3*

5 Planta Baja, Grenade
Le premier étage abrite un bar paisible. Tout le monde danse au rez-de-chaussée sur de la musique de hit-parade. 🅢 *C/Horno de Abad 11 • plan F4*

6 Pie de la Vela, Grenade
Grenadins et étrangers se côtoient ici dans une atmosphère principalement jeune et masculine sans être uniquement gay. 🅢 *C/del Darro 35 • plan R2*

7 El Ángel Azul, Grenade
Ce bar gay possède une piste de danse en sous-sol et des alcôves fermées par des rideaux. Il programme des spectacles de travestis et des concours de strip-tease. 🅢 *C/Lavadero de las Tablas 15 • plan F4*

8 Jardines Neptuno, Grenade
On vient dîner ici en regardant un spectacle de flamenco et de musique traditionnelle andalouse. 🅢 *C/Arabial •plan F4*

9 Eshavira, Grenade
Ce club de flamenco et de jazz accueille des concerts le jeudi et le dimanche sur une scène aménagée dans une ancienne citerne. 🅢 *Postigo de la Cuna 2 • plan Q1*

10 Peña El Taranto, Almería
Aucun autre établissement de la ville ne propose du flamenco aussi authentique *(p. 59)*.

Gauche **Kasbah** Droite **La Tetería del Bañuelo**

🔟 Salons de thé et bars à tapas

1 La Tetería del Bañuelo, Grenade

De petites pièces et des renfoncements intimes, une lumière douce, l'arôme du thé et le parfum des fleurs, des chants d'oiseaux, difficile d'imaginer mieux pour se détendre en dégustant des pâtisseries exotiques. En outre, la vue est superbe. ❧ *C/Bañuelo 5 • plan R2*

2 Kasbah, Grenade

Laissez-vous aller contre les coussins dans cette *tetería* éclairée aux bougies.
❧ *C/Calderería Nueva 4 • plan Q2*

3 Pervane, Grenade

Il règne une ambiance authentiquement marocaine dans ce salon de thé proche du sommet d'une rue pentue. Les fenêtres, à l'étage, donnent vue de l'animation du quartier.
❧ *C/Calderería Nueva 24 • plan Q2*

4 La Esquinita, Grenade

Ce petit établissement où l'on se sent parfois un peu à l'étroit a pour spécialité le poisson grillé.
❧ *Campo del Príncipe • plan R3*

5 El Bodegas Castañeda, Grenade

Des rangs de vieilles barriques donnent sa chaleur au décor. Les en-cas proposés comprennent des assiettes de fromages et des *montaditos* (petits sandwichs ouverts).
❧ *C/Elvira 5 • plan Q2*

6 Casa Enrique, Grenade

Un petit bar merveilleusement démodé avec ses tonneaux en évidence. Les moules cuites au vin blanc et aux aromates sont un délice.
❧ *C/Acero de Darro 8 • plan Q3*

7 El Café de Emilio, Castril

Ce charmant établissement à l'ancienne a une clientèle d'habitués. Goûtez la spécialité locale, la *maimones*, une soupe chaude, où entrent tomates et poivrons. ❧ *C/Carmen 10 • plan G3*

8 Bodega Francisco, Almuñécar

Une forêt de jambons pend du plafond et le comptoir s'étend devant des tonneaux de *fino*. Un restaurant attenant, le Francisco II, permet de prendre des repas complets.
❧ *C/Real 14 • plan F5*

9 Casa Puga, Almería

Comme le suggèrent les casiers à bouteilles dans la salle, cet excellent bar à tapas possède une carte des vins étendue. ❧ *C/Jovellanos 7 • plan G4*

10 El Quinto Toro, Almería

Le nom de cet établissement fréquenté par des aficionados fait référence à la tradition selon laquelle le meilleur des six taureaux sélectionnés pour une corrida participe au cinquième *(quinto)* combat.
❧ *C/Reyes Católicos 6 • plan G4*

Ci-dessus **Arrayanes**

Catégories de prix

Pour un repas avec
entrée, plat, dessert et
une demi-bouteille de vin
(ou repas équivalent),
taxes et service compris.

€	moins de 20 €
€€	20 €–30 €
€€€	30 €–40 €
€€€€	40 €–50 €
€€€€€	plus de 50 €

🔟 Restaurants

1 Cunini, Grenade
Le poisson et les fruits de mer arrivent tous les jours de Motril. Les tables en plein air dominent la place et sa fontaine. ◈ Plaza Pescadería 14 • plan F4 • 958 25 07 77 • fer. dim. soir, lun. • €€€

2 Arrayanes, Grenade
Le restaurant marocain le plus authentique et le plus sophistiqué de la ville ne sert pas d'alcool et cuisine seulement de la viande *halal*. ◈ Cuesta Marañas 4 • plan Q2 • 958 22 84 01 • fer. mar. • €€

3 Mirador de Aixa, Grenade
Du sommet de la colline de l'Albaicín, la terrasse donne vue de l'Alhambra. La carte propose des recettes traditionnelles comme les *habas con jamón* (fèves au jambon). ◈ Carril de San Agustín 2 • plan Q2 • 958 22 36 16 • €€

4 Restaurante El Ventorro, Alhama de Grenade
Ce charmant restaurant de campagne propose la *tortilla Sacromonte* : une omelette à la cervelle de veau et aux testicules de taureau. ◈ Ctra de Jatar, km 2 • plan E4 • 958 35 04 38 • fer. lun. • €€

5 Restaurante González, Trevélez
Les jambons suspendus au plafond rappellent la spécialité de la ville. ◈ Plaza Francisco Abellán • plan F4 • 958 85 86 32 • pas de cartes de paiement • €€€

6 Chez Jacquy, Playa Cotobro, Almuñécar
Le chef Jacques Vanhoren a réussi à marier la cuisine espagnole à celle de sa Belgique natale. C'est l'une des meilleures tables d'Andalousie. ◈ Edificio Río Playa Cotobro 1 • plan F5 • 958 63 18 02 • fer. lun. (hiver) • €€€

7 El Tinao del Mar, La Herradura
En bord de plage, le poisson et les fruits de mer dominent la carte. Les recettes régionales privilégient la simplicité. ◈ Edificio Bahía II, paseo Marítimo de Don Andrés Segovia • plan F5 • 958 82 74 88 • €€€

8 Mesón Restaurante Yusuf, Salobreña
Dans le quartier ancien, ce restaurant nord-africain offre une belle vue. Essayez l'agneau aux cerises. ◈ Plaza Antigua Ayuntamiento 3 • plan F5 • 958 82 82 37 • €€

9 Restaurante Valentín, Almería
Les spécialités comprennent l'*arroz negro* (riz au noir de seiche) et le *pescado en adobo* (poisson mariné en beignet). ◈ C/Tenor Iribarne 19 • plan G4 • 950 26 44 75 • fer. lun. • €€€€

10 La Goleta, San Miguel del Cabo de Gata
Au centre de la portion de littoral la mieux préservée d'Andalousie, les produits de la mer sont d'une très grande fraîcheur. ◈ Front de mer • plan H5 • 950 37 02 15 • €€

Remarque : *sauf indication contraire, tous les restaurants acceptent les cartes de paiement et proposent des plats végétariens.*

Gauche **Castillo de Almodóvar del Rio** Droite **Vignobles de Montilla**

Provinces de Cordoue et de Jaén

Les deux provinces formant le nord-est de l'Andalousie se prêtent à un séjour aux plaisirs variés. À Cordoue, grand pôle culturel et artistique à l'époque du califat, ainsi qu'à Baeza et à Úbeda, deux villes qu'Andrés de Vandelvira para d'édifices Renaissance au XVIᵉ s., l'architecture invite au rêve et à un voyage dans le temps. Les gastronomes apprécieront les vins de la région de Montilla, les jambons de la vallée de los Pedroches et l'huile d'olive de Baena. Deux réserves naturelles, le parque Natural de la Sierra de Cardeña y Montoro, dans la province de Cordoue, et le parque Natural de Cazorla Segura y Las Villas, dans la province de Jaén, permettent des journées entières de randonnée dans des espaces préservés.

TOP 10 Les sites

1 Cordoue
2 Úbeda
3 Baeza
4 Medina Azahara
5 Castillo de Almodóvar del Rio

6 Montoro
7 Valle de los Pedroches
8 Montilla
9 Jaén
10 Alcalá La Real

Medina Azahara

1 Cordoue

L'histoire reste vivante à Cordoue, et la ville se découvre aisément à pied. Dans l'ancien quartier juif dont les ruelles forment un dédale autour de la splendide Mezquita, la Grande Mosquée entreprise en 785, les murs blanchis cachent des

Alcázar, Cordoue

patios fleuris. L'alcázar des Rois chrétiens renferme des mosaïques antiques et donne vue du puente Romano dont la construction remonterait à l'empereur Auguste. La tour maure qui garde l'entrée du pont romain abrite un musée évoquant l'âge d'or de Cordoue à l'époque du califat. La ville possède aussi des musées consacrés aux beaux-arts, à l'archéologie et à la tauromachie *(p. 18-21)*.

2 Úbeda

Ne vous fiez pas à l'aspect peu engageant des quartiers périphériques, le centre de cette ville cernée par des oliveraies compte parmi les joyaux historiques de l'Andalousie. Le grand architecte Andrés de Vandelvira y édifia au XVIᵉ s. certains des élégants bâtiments Renaissance qui la parent, dont l'actuel hôtel de ville et la capilla del Salvador sur la plaza de Vazquez de Molina *(p. 28-29)*.

Capilla del Salvador, Úbeda

3 Baeza

La ville est moins importante que sa voisine Úbeda, mais le centre est riche en monuments Renaissance, souvent dus à Vandelvira. Elle conserve en outre des traces de son passé maure, et avant cela romain *(p. 28-29)*.

4 Medina Azahara

Abd al-Rahman III, calife de Cordoue sous lequel la ville connut son apogée, fonda ici en 936 une ville-palais qu'il nomma d'après son épouse favorite Zahara (la Radieuse). Agrémentée de somptueux jardins, elle se développa jusqu'à renfermer bains, armureries, caserne, marchés et mosquées. Le harem compta jusqu'à 6 000 femmes et le quartier des esclaves pouvait loger 4 000 personnes. Très raffinée, l'ornementation comprenait des bassins de mercure qui créaient des lueurs dansantes sur les murs et le plafond. Après sa mise à sac par les Berbères en 1010, le site resta livré au pillage jusqu'aux fouilles entreprises en 1910. Des bâtiments subsiste principalement le salon de réception d'Abd al-Rahman III.

✎ *Ctra Palma del Río, à environ 10 km à l'O. de Cordoue • plan D3 • ouv. mar.-sam. 10h-20h30, dim. 10h14h • EP*

Visiter l'Andalousie – Provinces de Cordoue et de Jaén

Huile d'olive de Baena

Issue d'une tradition très ancienne, puisque ce furent les Romains qui introduisirent la culture de l'olivier dans le sud de l'Espagne, l'huile produite à Baena, dans la province de Cordoue, est particulièrement réputée. L'usine Nuñez de Prado *(avda de Cervantes 15 • lun.-ven. 9h-14h et 16h-18h, sam. 9h-13h • EG)* fabrique l'une des meilleures huiles. Pour obtenir sa « fleur de l'huile », elle broie à la pierre des olives de culture biologique, puis laisse leur jus s'écouler sans autre pression que le poids de la pâte obtenue.

5 Castillo de Almodóvar del Río

Sur le site d'une place forte romaine au sommet d'une colline, les Maures édifièrent vers 740 une forteresse qui résista quatre siècles à la pression militaire chrétienne. Pierre le Cruel fit bâtir le château actuel, de style gothique, au XIVe s. Les remparts ménagent un splendide panorama de la campagne environnante et du bourg bâti au bord du Guadalquivir. Selon la légende, les fantômes des détenus qui y périrent hantent les huit tours crénelées. ◎ *25 km à l'O. de Cordoue • plan D3 • ouv. t.l.j 11h-14h30 et 16h-20h • EP*

Produits agricoles, valle de los Pedroches

6 Montoro

Cette petite ville pittoresque étagée sur cinq collines dans une courbe du Guadalquivir renferme une tour baroque, un pont gothique du XVe s. et deux églises intéressantes. Le Musée archéologique mérite une visite, ainsi que la kitsch casa de las Conchas incrustée de coquillages ; son propriétaire vous la fera découvrir avec plaisir. ◎ *Plan E2 • Museo Arqueológico : plaza de Santa María de la Mota ; ouv. sam. 11h-13h et 18h-20h, dim. 11h-13h ; EG • Casa de las Conchas : c/Criado 17 ; EP*

7 Valle de los Pedroches

Zone de pâturage au pied des reliefs de la sierra Morena peuplée de cerfs et de sangliers, la vallée qui s'étend au nord de la province de Cordoue est une « terre de glands », plantée de chênes verts, et donc particulièrement propice à l'élevage du cochon noir ibérique. Sa production de *jamón ibérico* et de *pata negra* rivalise avec celle de Jabugo dans la province de Huelva. ◎ *Plan D2*

8 Montilla

Cette petite ville au cœur d'une région valonnée abrite une église mudéjare ornée de peintures par Murillo et par Valdés Leal, mais est surtout connue pour les vins de l'appellation Montilla-Moriles. Sans apport en eau-de-vie, mais après affinage en *soleras (p. 98)*, ils ressemblent au xérès avec des arômes d'amande et de pain grillé plus marqués. Vous pourrez constater la différence aux bodegas Alvear, la cave la plus prestigieuse de la région, fondée en 1726 *(p. 66)*. ◎ *Plan D3 • Bodegas Alvear : avda de María Auxiliadora 1 ; ouv. juil-août : t.l.j. 10h-14h ; EP*

Cathédrale, Jaén

9 Jaén

D'origine maure, le castillo de Santa Catalina *(p. 39)* offre depuis une colline un large panorama de Jaén, capitale moderne d'une province restée très agricole. La forteresse abrite aujourd'hui un parador *(p. 140)*. L'imposante cathédrale édifiée pour une grande part dans le style Renaissance par Andrés de Vandelvira *(p. 41)* domine l'agréable quartier historique. Sa façade baroque date du XVIIIe s. Près de la plaza de las Batallas, le Musée provincial *(p. 55)* présente surtout de l'intérêt pour sa collection archéologique.
✪ *Plan E3 • Cathédrale : plaza Santa María ; ouv. t.l.j. 8h30-13h et 17h-20h (à partir de 9h le dim.) ; EG • Museo Provincial : paseo de la Estación 27 ; ouv. mar. 15h-20h, mer.-sam. 9h-20h ; dim. 9h-15h ; EP*

10 Alcalá la Real

Cette ville possède la seule forteresse de la province de Jaén construite par les maîtres maures de Grenade : la fortaleza de la Mota. Les fortifications en ruine ont conservé leurs sept portes. À l'intérieur de l'enceinte, l'église de Santo Domingo de style gothico-mudéjar se dresse sur les vestiges d'une mosquée dont le minaret joue le rôle de clocher *(p.38)*. ✪ *Plan E3 • Forteresse : ouv. été : t.l.j. 10h30-13h30 et 17h-20h ; hiver : t.l.j. 10h30-13h30 et 15h30-18h30 ; EP*

Une matinée de promenade à Baeza

⊕ Partez de la charmante **plaza del Pópulo** *(p. 28)* où l'office du tourisme occupe un beau palais plateresque, la casa del Pópulo, à côté de la **puerta de Jaén** *(p. 28)* et de l'arco de Villalar. La fuente de los Leones orne le centre de la place. Malgré les blessures du temps, ses lions et leur maîtresse, une effigie de la femme d'Hannibal selon la tradition, gardent une indéniable élégance.

Quittez la place à gauche de l'office du tourisme, et marchez au sud-est jusqu'à la **plaza Santa María** *(p. 28)* et à la cathédrale. Remarquez les inscriptions au sang de taureau sur le mur de l'ancien séminaire. À l'intérieur de la cathédrale, ne manquez pas la somptueuse grille de chœur du maître Bartolomé de Jaén.

Au nord, le **palacio de Jabalquinto** *(p. 29)* possède l'une des façades les plus excentriques de la région avec son décor de style isabélin. Visitez sa cour intérieure, et celle de l'Antigua Universidad voisine. Plus bas dans la rue se dresse la torre de los Aliatares, vieille de mille ans. À l'ouest, la plaza de España marque le début du **paseo de la Constitución** *(p. 29)* bordé par l'Alhóndiga à trois étages d'arcades.

✐ Pour déjeuner, installez-vous à la terrasse du Restaurante Seli, devant l'hôtel de ville. Il cuisine les produits des fermes locales *(Pasaje Cardenal Benavides 15 • 953 74 13 65 • Fer. mer. soir • €€)*.

Gauche **Arte Cordobés** Droite **La Tienda del Olivo**

🔟 Boutiques et marchés

1 Arte Cordobés, Cordoue
Depuis de petites sculptures jusqu'à des bijoux en filigrane, vous trouverez ici une belle sélection d'objets artisanaux en argent. Des créations en filigrane d'or sont aussi disponibles. 🏵 *C/Deanes 17 • plan D3*

2 Ghadamés, Cordoue
Ghadamés entretient la tradition séculaire du cuir repoussé de Cordoue. Beaucoup de motifs gardent un lien avec l'histoire maure de la région, mais certains ont un thème religieux, ou évoquent des coutumes locales. 🏵 *Corregidor Luis de la Cerda 52 • plan D3*

3 Bodegas Mezquita, Cordoue
Des produits alimentaires, jambons de montagne, huile d'olive, complètent la sélection de vins fins. 🏵 *Corregidor Luis de la Cerda 73 • plan D3*

4 Baraka, Cordoue
De fabrication artisanale, les souvenirs de bonne qualité comprennent des articles en cuir, des poteries et de la verrerie. 🏵 *C/Manriquez • plan D3*

5 Nucra, Cordoue
Nucra propose des bijoux dont les créateurs travaillent souvent à partir de motifs classiques pour aboutir à des déclinaisons s'inscrivant dans une esthétique contemporaine. 🏵 *C/Lucano 22 • plan D3*

6 La Tienda del Olivo, Cordoue
Cette boutique a pour spécialité les produits tirés de l'olive, des huiles aux savons et aux crèmes pour la peau. Les huiles varient en légèreté selon leur destination, cuisson ou assaisonnement. 🏵 *C/San Fernando 124B • plan D3*

7 Nuñez de Prado, Baena
Ce producteur de référence d'une ville historique *(p. 120)* propose une huile d'olive particulièrement raffinée. 🏵 *Avda de Cervantes • plan E3*

8 Galería de Vinos, Jaén
L'une des meilleures caves de la région vend, bien entendu, les crus locaux, dont ceux d'appellation Montilla-Moriles *(p. 120)*. 🏵 *C/Ceron • plan F3*

9 Marché aux puces, Jaén
Les étals qui s'installent le jeudi matin proposent un bric-à-brac où se cache parfois une pièce rare. 🏵 *Recinto Ferial, avda de Granada • plan F3*

10 Quartier des potiers, Úbeda
Un arc mudéjar du XIVe s. marque l'entrée du quartier où les potiers d'Úbeda fabriquent depuis des siècles leur célèbre céramique. Elle est verte, ajourée de motifs d'inspiration arabe et cuite dans des fours à bois. 🏵 *C/Valencia • plan F2*

Catégories de prix

Pour un repas avec	€ moins de 20 €
entrée, plat, dessert et	€€ 20 €–30 €
une demi-bouteille de vin	€€€ 30 €–40 €
(ou repas équivalent),	€€€€ 40 €–50 €
taxes et service compris.	€€€€€ plus de 50 €

Ci-dessus **El Churrasco**

Où manger

1 Bar La Trabajadera, Cordoue

Le décor frappe par l'abondance d'images religieuses de toutes sortes. ❧ C/Alfaros 9 • plan D3 • 957 48 60 21 • pas de cartes de paiement • €

2 Taberna Sociedad de Plateros, Cordoue

Ce restaurant sans prétention, installé dans un ancien couvent, possède une cour intérieure parée d'azulejos et de plantes en pots. ❧ C/San Francisco 8 • plan D3 • 957 47 00 42 • fer. dim. • pas de cartes de paiement • €

3 Taberna Salinas, Cordoue

La nourriture de cet établissement animé est excellente. Essayez le bacalao (morue) à l'orange et à l'huile d'olive. Les salles entourent un patio. ❧ C/Tundidores 3 • plan D3 • 957 48 01 35 • fer. dim., août • €

4 Casa Rubio, Cordoue

À l'entrée de la Judería, dans l'ancien rempart, ce bar pittoresque aux arcs maures et au sol dallé propose un bon assortiment de tapas.
❧ Puerto Almodóvar 5 • plan D3 • 957 42 08 53 • pas de cartes de paiement • €

5 El Churrasco, Cordoue

C'est l'une des tables les plus chic de Cordoue. On y sert des mets traditionnels, dont le churrasco, filet de porc grillé avec une sauce épicée.
❧ C/Romero 16 • plan D3 • 957 29 08 19 • fer. août • €€€€

6 Almudaina, Cordoue

La demeure du XVIᵉ s. offre le cadre approprié à la dégustation de spécialités locales comme la pechuga de perniz en salsa (blanc de perdrix en sauce). ❧ Plaza Campo Santo de los Martires 1 • plan D3 • 957 47 43 42 • fer. dim. midi • €€€

7 Las Camachas, Montilla

Les recettes de poisson comprennent l'espadon (pez spada) en sauce au montilla.
❧ Ctra Madrid-Málaga, avda de Europa 3 • plan D3 • 957 65 00 04 • €€€

8 Taberna La Manchega, Jaén

Ce bar à tapas authentique permet aussi, en rez-de-chaussée, de prendre des repas complets où les viandes locales sont à l'honneur. ❧ C/Bernardo López 8 et arco de Consuelo • plan F3 • 953 23 21 92 • fer. mar. • pas de cartes de paiement • €

9 Restaurante Andrés de Vandelvira, Baeza

Dans le convento de San Francisco du XVIᵉ s., la truite à l'escabèche figure à la carte.
❧ C/San Francisco 14 • plan F2 • 953 74 81 72 • fer. dim. midi • pas de cartes de paiement • €€€

10 Mesón Navarro, Úbeda

Des tapas gratuites accompagnent chaque verre de xérès fino. ❧ Plaza Ayuntamiento 2 • plan F2 • 953 79 06 38 • pas de cartes de paiement • €

 Remarque : sauf indication contraire, tous les restaurants acceptent les cartes de paiement et proposent des plats végétariens.

MODE D'EMPLOI

Préparer le voyage
126

Séjours à thème
127

Aller en Andalousie
128

Se déplacer
en Andalousie
129

À éviter
130

L'Andalousie bon
marché
131

Banques et
communications
132

Santé et sécurité
133

Situations particulières
134

Avec des enfants
135

Infos restaurants
136

Infos hébergement
137

Hébergement
138

ANDALOUSIE TOP 10

Gauche **Office du tourisme** Droite **Visiteurs profitant du climat**

TOP10 Préparer le voyage

Mode d'emploi

1 Se renseigner par l'Internet

Plusieurs sites aux approches complémentaires fournissent des informations sur l'Espagne et l'Andalousie.

- ⊗ www.espagne.info tourisme.com
- www.tourspain.es
- www.andalucia.org
- www.andalucia.com

2 Climat

La région jouit d'un climat très doux. La Costa del Sol bénéficie ainsi, sur l'ensemble de l'année, de plus de 300 jours de soleil et de températures moyennes de 18 à 20 °C. Il peut toutefois régner une chaleur écrasante en été, surtout à l'intérieur des terres. Les moyennes de températures maximales sont de 34 °C à Grenade et 36 °C à Séville contre 30 °C sur le littoral.

3 Quand partir

Toutes les saisons ont leurs avantages : l'été pour la vie nocturne, le printemps pour la flore et le climat, l'hiver pour le ski. La plus agréable est néanmoins l'automne : la mer reste chaude, la foule est moins dense, les prix ont baissé et de nombreuses fêtes locales ont lieu.

4 Formalités

Les citoyens de l'Union européenne et de Suisse n'ont besoin que d'une carte d'identité valide.

5 Ambassades d'Espagne à l'étranger

Vous trouverez aussi les coordonnées des consulats sur le site www.tourspain.es.

- ⊗ Belgique : rue de la Science 19, Bruxelles 1040 ; 02 230 03 40
- Canada : 74 Stanley Ave, Ottawa ; (613) 747 22 52
- France : 22 av. Marceau, 75018 Paris ; 01 44 43 18 00 • Suisse : 24, Kalcheggweg, 3000 Bern 16 ; 031 35 20 412

6 Consulats étrangers en Andalousie

Le site www.tourspain.es fournit aussi les coordonnées des autres consulats ouverts par chaque pays.

- ⊗ Belgique : avenida San Francisco Javier, edificio Sevilla II - 3ª Planta., Séville ; 954 64 70 61
- Canada : avenida los Pinos, 34, casa 4, Séville ; 954 76 88 28
- France : plaza de Santa Cruz, Séville : 954 22 28 96
- Suisse : calle San Lorenzo, edificio « cahispa » 4, Málaga : 952 21 72 66

7 Offices nationaux espagnols du tourisme

Ils fournissent de nombreuses brochures (adresses ci-contre).

8 Animaux

Chats et chiens ont besoin d'un certificat de vaccination contre la rage de plus d'un mois et de moins d'un an, ainsi que d'un certificat de bonne santé établi moins de dix jours avant le départ.

9 Frais médicaux

Vous devez vous procurer avant le départ un formulaire E111 auprès de votre caisse d'assurance maladie pour obtenir la gratuité des soins de base (p. 133). Si l'un des contrats vous protégeant ne la prévoit pas déjà, mieux vaut souscrire une assurance assistance couvrant la prise en charge d'éventuels frais de rapatriement et d'hospitalisation.

10 Qu'emporter

Chapeau, lunettes de soleil et crèmes de protection se révéleront plus utiles que les tenues habillées.

Offices nationaux espagnols du tourisme

Belgique
Rue Royale 97, Bruxelles 1000 • 02 280 19 26

Canada
2 Bloor St W, 34th Floor, Toronto
• (416) 961 31 31

France
43, rue Decamps, 75116 Paris
• 01 45 03 82 50

Suisse
1, rue Ami-Lévrier, 1201 Genève
• 022 731 11 33

Si vous organisez votre voyage avec l'Internet, pensez que les sites Web ne sont pas toujours régulièrement remis à jour.

Gauche **Visite guidée** Droite **Dans une bodega**

ᵀᴼᴾ10 Séjours à thème

1 Randonnée à pied
Plusieurs organismes proposent des marches en groupes sur des itinéraires sélectionnés.
◆ *Federación Española de Deportes de Montaña, Barcelone ; 934 26 42 67* • *Montagne Évasion, 4 rue des Vosges, 88400 Gérardmer ; 03 29 63 17 50* • *Nevadensis, c/Verónica, Pampaneira (Grenade) ; 958 76 32 27*

2 Randonnée à cheval et découverte de la nature
Les centres équestres de la région et des voyagistes spécialisés permettent de participer à des randonnées à cheval de durées variées. Parmi les animaux que vous pourrez essayer d'approcher figurent les dauphins du détroit de Gibraltar. ◆ *Dolphin Safari, Marina Bay, Gibraltar ; 956 77 19 14* • *Rancho Los Lobos, Estación de Jimena (Cadix) ; 956 64 04 29* • *Randocheval : chemin du Vernéa, 38440 Moidieu Détourbe ; 04 37 02 20 00* • *Safari Andalucia, Apartado 20, Gaucín (Málaga) ; 952 15 11 48*

3 Séjours œnologiques et gastronomiques
Les sociétés proposant de tels voyages en Andalousie sont rares aujourd'hui.
◆ *Cellar Tastings : c/ Ribera del Manzanares, 1, 8A, Madrid ; 915 47 75 68*

4 Danse et flamenco
Comment mieux pénétrer l'âme andalouse sinon en s'initiant à la danse ou à la musique flamen-co, et en apprenant la sévillane ?
◆ *Carmen de Torres, c/Infantes 9, Séville ; 954 16 47 44* • *Spanish Fiesta, urb. Lindaraja 12, Almúñecar ; 680 22 69 30* • *Taller Flamenco, c/Peral, 49, Séville : 954 56 42 34*

5 Séjours linguistiques
Les organismes proposant des séjours centrés sur l'apprentissage de l'espagnol prévoient aussi, en général, d'autres activités. Opter pour le logement dans une famille offre un aperçu de la vie au quotidien des Andalous. ◆ *Escuela Montalban, c/Conde Cifuentes 11, Grenade, 958 25 68 75* • *Goëlangues, 26 rue Vignon, Paris ; 01 43 12 55 99* • *Instituto de Español Picasso, plaza de la Merced 20, Málaga ; 952 21 39 32* • *Instituto Platón, c/Natalio Rivas 1, Grenade ; 958 29 22 19*

6 Séjours culturels
Les voyages guidés organisés par des agences spécialisées facilitent l'approche des riches sses artistiques et architecturales. ◆ *Art et Vie, 251, rue de Vaugirard, Paris (15ᵉ) ; 01 40 43 20 21* • *Clio, 27, rue du Hameau, Paris (18ᵉ) ; 01 53 68 82 82*

7 Golf
Avec plus de 50 parcours et un climat idéal, la Costa del Sol *(p. 103)* est devenue l'un des hauts lieux mondiaux du golf. De nombreuses agences spécialisées facilitent l'organisation d'un séjour. ◆ *Le Grand Golf, 18 rue Servient, Lyon ; 04 72 61 91 71* • *Voyages Golfissimes 17, passage Antoine Riou, Nanterre ; 01 41 44 95 91*

8 Sports extrêmes
La Costa del Sol offre une très large gamme d'activités nautiques et sportives. Les audacieux pourront aussi contempler l'Andalousie du ciel.
◆ *Aviación del Sol, apartado 344, Ronda ; 952 87 72 49* • *Club Parapente Valle de Abdalajis, c/Sevilla 2, Valle de Abdalajis (Málaga) ; 952 48 91 80*

9 Train de luxe
L'Al-Andalus Expreso Belle Époque effectue des circuits d'une semaine - un moyen original, et coûteux, d'aborder l'Andalousie.
◆ *Al-Andalus Expreso, Capitán Haya, 55, Madrid ; 91 570 16 21*

10 Pèlerinages
Les offices du tourisme vous fourniront les dates, souvent fluctuantes, des pèlerinages locaux. N'oubliez pas qu'ils restent de profondes manifestations de foi.

Gauche **Aéroport de Séville** Droite **Trains à grande vitesse dans la gare de Séville**

ᴛᴏᴘ10 Aller en Andalousie

1 En avion depuis la France

Air France dessert deux destinations en Andalousie, Séville et Málaga, et Iberia quatre : Séville, Málaga, Grenade et Jerez. Depuis les villes de province, les liaisons régulières comprennent un changement. Parmi les compagnies à bas coût *(low cost)*, Virginexpress propose des vols pour Málaga depuis Bordeaux et Nice.
✆ *Air France : www.air france.fr ; 0820 820 820*
• *Iberia : www.iberia.com ; 0820 075 075*
• *Virginexpress : www.virginexpress.com ; 0821 23 02 02*

2 En avion depuis la Belgique et la Suisse

Iberia dessert Málaga et Séville au départ de Genève et de Bruxelles. Depuis Genève, Swiss propose des vols pour Málaga. Virginexpress assure avec Málaga des liaisons directes depuis Bruxelles et indirectes depuis Genève. ✆ *Iberia : Belgique 075 15 00 27 ; Suisse 0844 84 51 11*
• *Swiss : www.swiss.com ; 0848 85 20 00*
• *Virginexpress : Belgique 070 35 36 37 ; Suisse 0848 56 01 51*

3 Vols à prix réduit et forfaits

Beaucoup de compagnies utilisent l'Internet pour écouler des billets à bas prix. Parmi les nombreux sites généralistes proposant des promotions sur des vols secs et des séjours « tout compris », Promovacances.com et Lastminute.com comptent parmi les plus performants. Ne négligez pas pour autant les agences de voyages : elles ont accès à des offres qui n'apparaissent pas sur l'Internet, en particulier des vols charters, très nombreux à destination du sud de l'Espagne.

4 Arriver en avion en Andalousie

Train, bus et taxis permettent de rejoindre le centre de Málaga depuis l'aéroport. À Jerez, il vous faudra prendre un taxi. À Séville et Grenade, vous disposerez aussi de bus.

5 En voiture

Des routes à voies multiples sillonnent toute la péninsule. Vous devrez acquitter un péage sur les *autopistas* mais les *autovías* sont gratuites. Il n'existe plus de liaisons auto/train entre la France et l'Espagne, mais vous pouvez vous économiser une partie du trajet en prenant un ferry-boat *(voir plus loin).*

6 En motocyclette

Avant de vous lancer, prenez en compte les distances : Séville se trouve à 1 750 km de Genève, à 1 800 de Paris et à 2 100 de Bruxelles.

7 En bateau

Des ferry-boats relient le port de Sète aux îles Baléares, où vous pourrez prendre un autre ferry pour rejoindre Valence et continuer votre voyage en train ou en voiture. ✆ *www.euro mer.net • www.balear express.com*
• *www.trasmediterranea.es*

8 En autocar

L'autocar a perdu son intérêt financier comparé au transport aérien, et les trajets sont longs et fatigants. Mais si vous ne supportez pas l'avion...
✆ *Eurolines : 0892 89 90 91 ; www.eurolines.fr*

9 En train

Il n'existe pas de trains directs circulant entre la France et l'Andalousie. Il vous faudra passer par Madrid pour prendre un train à grande vitesse AVE.
✆ *SNCF : www.sncf.com*
• *RENFE : www.renfe.es*

10 Location de voiture

La plupart des sociétés de location exigent qu'une carte de crédit couvre la caution et que le conducteur ait au moins 25 ans. Les compagnies locales offrent souvent un meilleur service. ✆ *Hertz : www.hertz.com*
• *Avis : www.avis.com*
• *Europcar : www.europcar. com • Compagnies de Málaga : Autopro 952 17 60 30 ; Dany Car 952 24 50 80 ; Helle Hollis 952 24 55.*

Mode d'emploi

Gauche **Gare routière de Séville** Droite **Taxis**

10 Se déplacer en Andalousie

1 En autobus

Si vous n'avez pas votre propre véhicule, les bus offrent le meilleur moyen de circuler dans la région car ils desservent jusqu'aux plus petits villages. Des douzaines de sociétés se partagent le marché et certaines villes possèdent plusieurs gares routières. Les passagers peuvent acheter les billets à bord. ✆ *Séville : plaza de Armas, 954 90 80 40 • Grenade : ctra de Jaén, 958 18 50 10 • Cordoue : avda Medina Azahara 29, 957 23 64 74 • Málaga : paseo de los Tilos, 952 35 00 61*

2 En train

Il existe des liaisons à grande vitesse entre Huelva et Séville et Cordoue. Attendez-vous sinon à de nombreux arrêts. Pour tout renseignement, entre autres sur les réductions et forfaits disponibles, adressez-vous dans les gares au guichet « *Atención al cliente* ». ✆ *Séville : Santa Justa, avda Kansas City, 902 24 02 02 • Grenade : avda Andaluces, 902 24 02 02 • Cordoue : glorieta de las Tres Culturas, 902 24 02 02 • Málaga : explanada de la Estación, 902 24 02 02*

3 En voiture

Généralement en très bon état, le réseau routier s'est beaucoup étendu ces dix dernières années et mieux vaut avoir une carte à jour.

Circuler et stationner au centre des grandes villes et dans les quartiers anciens s'avère presque toujours difficile.

4 En motocyclette

Avec son climat ensoleillé, l'Andalousie se prête particulièrement bien à une découverte en deux-roues. S'il est recommandé de disposer de puissance dans les sierras, un scooter suffit sur la côte. Le port du casque est obligatoire.

5 En bateau

La majorité des passagers à destination du Maroc embarquent à Algésiras pour Tanger ou Ceuta, mais il est également possible de rejoindre par mer l'enclave espagnole de Melilla depuis Málaga et Almería. Les ferry-boats pour les Canaries partent de Cadix. Les nombreux ports qui jalonnent la côte facilitent la navigation de plaisance. Les courants de marée rendent délicat le franchissement du détroit de Gibraltar. ✆ *Fédération royale espagnole de voile : 915 19 50 08 ; www.rfev.es*

6 À cheval

La randonnée équestre est devenue un moyen très apprécié de parcourir la splendide région des Alpujarras, au sud de la sierra Nevada. ✆ *Rutas Alternativas Cabalgar, Bubión (Grenade) : 958 76 31 35*

7 En bicyclette

La petite reine reste un sport populaire en Espagne, et vous verrez des cyclistes amateurs en tenues chatoyantes affronter les routes de montagne les plus raides. Des loueurs, dans les zones touristiques, vous permettront de vous déplacer de cette manière écologique et saine. ✆ *Fédération royale espagnole de cyclisme : 915 40 08 41 ; ww.rfec.com*

8 En taxi

Trouver un taxi dans les centres urbains ne pose en général pas de problème, et il est toujours possible d'en appeler par téléphone. Des taximètres équipent les véhicules et les tarifs sont abordables. ✆ *Séville : 954 58 00 00 • Grenade : 958 13 23 23 • Cordoue : 957 45 00 00*

9 En transport urbain

Même à Séville et à Málaga, les autobus urbains présentent peu d'intérêt pour circuler dans le centre. En effet, les sites de visite y sont proches les uns des autres et les taxis bon marché.

10 À pied

Les villes et les villages andalous prennent toute leur dimension quand on s'y promène à pied, libre de flâner à sa guise dans leurs dédales de ruelles historiques.

Ne sous-estimez pas la chaleur en été, surtout en voiture : emportez toujours de l'eau et adoptez le rythme de vie espagnol.

Mode d'emploi

Gauche **Vendeur de rue** Droite **Route de montagne**

TOP10 À éviter

1 Les vols

Même pour un bref arrêt, le temps de boire un verre par exemple, ne laissez rien de visible dans un véhicule en stationnement, surtout s'il est immatriculé à l'étranger, à moins de le garder sous surveillance. Les sites touristiques attirent les pickpockets. Les sacs « banane » mettent vos biens les plus précieux à la hauteur idéale pour eux.

2 L'eau du robinet

Le sud de l'Espagne subit régulièrement des périodes de sécheresse et le liquide qui s'écoule des robinets peut alors prendre une saveur plutôt désagréable. Celle-ci n'indique pas un danger sanitaire, mais plutôt une forte dose de chlore. En randonnée, ne buvez jamais l'eau d'un ruisseau, même dans un endroit qui vous paraît sauvage.

3 Les aliments douteux

Dans une région très touristique, et très chaude l'été, surveillez la fraîcheur de ce que l'on vous sert. N'hésitez pas à refuser des tapas *(p. 70-71)* qui ne semblent pas du jour, surtout si elles contiennent de la mayonnaise. Soyez attentif à la propreté des établissements où vous mangez du poisson ou des fruits de mer.

4 Les snacks-bars en bord de plage

Même s'il existe des exceptions, la nourriture servie sur les plages vaut rarement le prix demandé, quand elle ne s'avère pas à peine mangeable. Pour profiter du confort qu'offre l'endroit, ou du spectacle des gens qui le fréquentent, contentez-vous de commander une boisson... et allez déjeuner en ville, à l'écart du front de mer.

5 Les « aubaines »

Sur la Costa del Sol, de jeunes gens fort avenants risquent d'essayer de vous offrir, souvent après que vous avez « gagné » à un jeu, une visite touristique à un prix défiant toute concurrence, ou un repas somptueux et gratuit. Ils agissent pour le compte de promoteurs immobiliers et vous vous retrouverez en réalité confronté à des vendeurs extrêmement pressants.

6 Les donneuses de fleurs

Si une femme se dirige vers vous avec un grand sourire pour vous tendre une rose ou un brin de romarin, ne vous méprenez pas sur ses intentions. Il ne s'agit pas d'un geste amical ou de bienvenue. Si vous acceptez son offrande, elle se mettra à en exiger avec véhémence un prix exorbitant.

7 Les vendeurs de rue

Il n'est pas rare que les vendeurs à la sauvette abordent directement les touristes pour leur vanter leur marchandise.
Il devient très difficile de s'en débarrasser dès que l'on manifeste un intérêt. Indiquez clairement dès le départ qu'il ne sert à rien de tenter de vous influencer. Vérifiez soigneusement que les articles présentés, en particulier les vêtements, n'ont pas de défaut. Et proposez la moitié du prix demandé.

8 Le bonneteau

Si vous voyez un bateleur faire glisser trois tasses, ou autre, sur une table, sachez qu'il s'agit d'une escroquerie séculaire. Vous n'avez aucune chance de réussir à indiquer l'endroit où se trouve la pièce.

9 Les affronts religieux

Même dans les zones balnéaires, il est recommandé d'avoir les épaules et les cuisses couvertes pour entrer dans les lieux de culte. Veillez à ne pas troubler les offices.

10 Les faux

N'achetez une œuvre d'art, ou une antiquité de prix, qu'auprès d'un marchand aux références incontestables et exigez un certificat d'authentification.

Mode d'emploi

En haute saison, les embouteillages tendent à se multiplier dans les villes et sur la route du littoral.

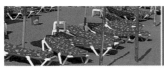

Gauche **Plage hors saison** Droite **Panneau d'une aire de pique-nique**

⁙10 L'Andalousie bon marché

1 Formules « tout compris »

Souvent d'un excellent rapport qualité-prix, surtout hors saison où il devient possible de bénéficier de réductions allant jusqu'à 50 %, ces séjours proposés par des voyagistes incluent en général le trajet et l'hébergement en demi-pension, et concernent avant tout les zones balnéaires. Si vous ne disposez pas d'un véhicule et si vous n'avez pas envie de passer des vacances inactives, vérifiez que l'hôtel n'est pas trop isolé.

2 Pique-nique

Les parcs naturels, les plages et les places des villes et des villages offrent des cadres très agréables où manger en plein air. De nombreux magasins d'alimentation vous permettront de vous composer un festin. Ils vendent notamment la charcuterie variée, appréciée des Espagnols.

3 Locations

Il vous faudra réserver très longtemps à l'avance pour profiter en haute saison d'un des appartements ou des bungalows proposés en location saisonnière en Andalousie. La formule est particulièrement avantageuse en famille. Elle présente également l'avantage de laisser une grande liberté dans son rythme de vie *(p. 146)*.

4 Pour sortir

Les établissements les plus animés la nuit sont souvent des bars ou des cafés sans droit d'entrée, et où personne ne remarquera que vous sirotez la même consommation depuis des heures.

5 Camping

La région renferme quelque 130 terrains de camping situés pour la plupart sur la côte. Le camping sauvage n'est pas particulièrement encouragé, mais n'est interdit qu'en zone urbaine, dans un rayon de 1 km d'un terrain aménagé. Il est également interdit dans certains endroits pour des raisons militaires ou écologiques. À la campagne, demandez d'abord l'autorisation au propriétaire *(p. 147)*.

6 Achats détaxés

Les ressortissants de pays n'appartenant pas à l'Union européenne peuvent récupérer l'IVA (TVA espagnole) sur des achats importants. Le personnel du magasin leur expliquera la marche à suivre. Le plus simple consiste à faire expédier son acquisition à son domicile.

7 Menú del Día

Dans beaucoup de restaurants, le « menu du jour » permet de sérieuses économies par rapport aux plats commandés à la carte. Les portions sont en général copieuses. Ce menu offre un excellent moyen d'essayer sans se ruiner la cuisine d'établissements gastronomiques.

8 Laveries automatiques

Confier ses vêtements à un pressing *(tintorería)* revient relativement cher, et les services de blanchisserie des hôtels sont encore plus onéreux, mais vous trouverez quelques *lavanderías automáticas* en ville.

9 Tarifs réduits

Les seniors, les étudiants et les enfants bénéficient de réductions dans certains musées et sites de visite. Des établissements privés distribuent des coupons donnant droit à des tarifs promotionnels. Vous en trouverez dans des magazines, des brochures d'information et en piles dans tous les offices du tourisme de la région.

10 Séjourner hors saison

Le meilleur moyen de faire des économies est d'éviter la période de haute saison, mais celle-ci varie selon les lieux. Elle correspond aux mois de juillet et août sur la côte, au printemps à Cordoue, et aux époques de la Semaine sainte et de la *feria* à Séville.

Gauche **Distributeur de billets** Centre **Bureau de change** Droite **Boîte aux lettres**

Banques et communications

1 Banques
Elles ouvrent en général de 10h à 14h du lundi au vendredi, et de 9h à 13h le samedi pour certaines agences de grandes villes. En cas de besoin, vous pouvez faire transmettre par Télex de l'argent de votre banque à une banque espagnole, mais la procédure prend plusieurs jours. Western Union propose, en collaboration avec la poste, un service plus rapide : téléphonez au 902 11 41 89 en Andalousie.

2 Distributeurs de billets
Il en existe partout en Espagne. Vérifiez avant le départ la commission prélevée par votre banque et votre plafond de retrait, il est vite atteint en voyage.

3 Cartes bancaires
Hormis dans les établissements les plus modestes, notamment les petits hôtels (p. 138-139 et 146-147), les règlements par carte Visa ou MasterCard sont désormais partout acceptés.

4 Chèques de voyage
Les distributeurs automatiques de billets ont terriblement réduit l'intérêt des chèques de voyage, mais ceux-ci restent néanmoins le moyen le plus sûr de transporter de l'argent, ne serait-ce qu'en

dépannage en cas de perte ou de vol d'une carte bancaire. Pensez à garder à part le document où figurent leurs numéros.

5 Monnaie
Comme onze autres pays membres de l'Union européenne, l'Espagne s'est convertie à l'euro le 1er janvier 2002.

6 Poste
Les *correos* sont ouverts de 9h à 14h et de 17h à 19h30. Les plus importants ne ferment pas à l'heure de la sieste. Les bureaux centraux permettent de recevoir du courrier en poste restante *(lista de Correos)*. Les débits de tabac et les marchands de journaux vendent aussi des timbres *(sellos)*. Les services postaux sont fiables.

7 Téléphoner
Pour appeler l'Espagne depuis l'étranger, composez 00, puis 34, puis le numéro complet, à 9 chiffres, de votre correspondant. Pour téléphoner à l'étranger depuis l'Espagne, composez 00, puis l'indicatif du pays (32 pour la Belgique, 1 pour le Canada, 33 pour la France et 41 pour la Suisse), puis le numéro du correspondant sans le premier 0. Vous pourrez joindre les renseignements nationaux au 11850, et internationaux

au 11825. Les cabines fonctionnent avec des télécartes vendues dans les bureaux de tabac et les kiosques à journaux. Souscrite avant le départ, la carte France Telecom permet de téléphoner de l'étranger en payant la communication avec sa facture. Pour plus d'informations, appelez le 0800 202 202 ou consultez le site www.cartefrancetelecom.com.

8 Internet
Beaucoup d'hôtels permettent de se connecter avec son ordinateur portable. Les cybercafés se multiplient dans les villes, et même les villages.

9 Presse
La presse locale fournit le programme des manifestations prévues dans les moindres villages. Les principaux quotidiens francophones sont disponibles le lendemain de leur parution dans les grandes villes et en zones balnéaires.

10 Télévision et radio
Il existe cinq chaînes nationales de télévision herzienne, dont le Canal Plus espagnol. Parmi les chaînes diffusées par satellite, et captées dans de plus en plus d'hôtels, TV5 programme des bulletins d'information en français. D'innombrables radios locales émettent sur la bande FM.

 Les téléphones portables fonctionnent dans toute l'Andalousie. Renseignez-vous avant le départ auprès de votre opérateur.

Gauche **Voiture de police** Droite **Enseigne de pharmacie**

Santé et sécurité

1 Précautions sanitaires

Aucun vaccin particulier n'est requis pour se rendre en Andalousie. Les précautions à prendre concernent surtout le soleil et la chaleur. L'eau du robinet est partout potable, mais le changement de régime alimentaire provoque parfois des troubles digestifs. Prévoyez un produit antimoustique.

2 Soins gratuits

Muni d'un formulaire E111 (p. 126), vous n'aurez rien à régler si vous consultez le généraliste ou le dentiste agréés de votre quartier de résidence. En revanche, vous ne serez pas remboursé, sauf par une mutuelle ou une assurance, si vous allez voir un autre médecin. Le formulaire E111 vous permettra également de vous faire soigner gratuitement dans le service des urgences d'un hôpital.

3 Médicaments sur ordonnance

Si vous devez suivre un traitement particulier pendant votre séjour, emportez, si possible, une quantité de médicaments suffisante pour toute sa durée. Par précaution, prenez aussi votre ordonnance en y faisant préciser les noms des molécules actives, en plus des noms de marque.

4 Pharmacies

Le personnel d'une *farmacia* saura vous conseiller, souvent en français ou en anglais, en cas d'affection sans gravité. Aux heures de fermeture, vous trouverez affichée la liste des officines de garde. Toutes les grandes villes possèdent au moins une pharmacie ouverte 24h/24.

5 Se faire soigner

Votre hôtel, une pharmacie ou un office du tourisme devraient pouvoir vous diriger, y compris vers un médecin parlant français. Adressez-vous sinon au consulat (p. 126).

6 Handicapés

L'Andalousie a encore du retard dans la qualité de l'accueil des handicapés, bien que la loi oblige les nouvelles constructions à posséder des rampes d'accès et des toilettes adaptées. Pour les anglophones, le site www.access-able.com tient à jour une liste de structures spécialisées (p. 134).

7 Préservatifs

Jadis interdits par le régime de Franco, les préservatifs sont disponibles dans les pharmacies, les bars et les distributeurs automatiques dans la rue.

8 Accidents

La Costa del Sol et les grandes villes renferment de bons hôpitaux. Vous pouvez également appeler la *Cruz Roja* (Croix-Rouge) pour obtenir l'envoi d'une ambulance. ✪ *Croix-Rouge : hospital Victoria Eugenia ; avda de la Cruz Roja ; Séville ; 954 35 14 00 • Hospital Costa del Sol : ctra Nacional 340, km 187 ; Marbella, 952 86 27 48 • Hospital Virgen de las Nieves : avda de las Fuerzas Armadas, Grenade ; 958 02 00 00 • Hospital Reina Sofía : avda Menéndez Pidal, Cordoue, 957 01 00 00*

9 Petite délinquance

La meilleure précaution contre les pickpockets consiste à toujours garder ses biens de valeur dans une pochette ou une ceinture couverte par les vêtements.

10 Grande délinquance

Elle est inexistante à l'égard des touristes en Andalousie. Toutefois, il ne sert à rien de tenter le diable en se risquant de nuit dans des quartiers déserts et mal famés.

Numéros d'urgence

Tous services : 112
Pompiers : 080
Ambulance : 080
(province de Cadix 085)
Police nationale: 091
Garde civile : 062
Police locale : 092

Gauche **Accès en fauteuil roulant** Centre **Étudiants en Andalousie** Droite **Toilettes publiques**

ᴛᴏᴘ10 Situations particulières

1 Handicapés

L'Espagne s'efforce depuis quelques années de rattraper son retard dans l'aménagement des lieux publics aux besoins des personnes à la mobilité réduite. Vous devriez au moins bénéficier à l'aéroport d'équipements adaptés. Organisez votre arrivée avec l'agence de voyages et/ou la compagnie aérienne au moment où vous achetez votre billet, et prenez la précaution de confirmer une semaine avant le départ.

2 Hébergement pour handicapés

Mieux vaut éviter les bâtiments les plus anciens, qui peuvent comporter des marches, à l'intérieur même d'une suite. Les établissements les plus récents sont supposés répondre aux normes européennes, mais mieux vaut toujours s'en assurer au préalable. Une association comme le GIHP et une agence spécialisée comme I.Care peuvent vous aider à organiser votre voyage. ◈ *GIHP, 10, rue Georges-de-Porto-Riche, 75014 Paris, 01 43 95 66 36, www.gihpnational.org* • *I.Care, 220-224, bd Jean-Jaurès, 92773 Boulogne Cedex, 01 55 20 23 83 ; www.icare.net* • *Organisation nationale des aveugles d'Espagne (ONCE) : c/Sebastián Herrera 15, Madrid ; 915 06 89 18 ; www.once.es*

3 Seniors

Des retraités du monde entier venant s'y installer, la région se montre très accueillante avec les personnes d'un certain âge. Celles-ci disposent d'immeubles d'appartements et d'hôtels, spécialement conçus à leur intention. Les *mayores* bénéficient souvent de réductions.

4 Infos seniors

Des magazines comme *Notre temps* et *Pleine vie,* et des sites Internet comme 55 net (canadien), Websenior (belge) et Seniorplanet (français) offrent d'intéressantes sources d'information avant le départ. Sur place, la CEOMA assure en espagnol une permanence téléphonique. ◈ *CEOMA : 900 22 22 23* • *www.notretemps.com* • *www.55net.com* • *www.websenior.be* • *www.seniorplanet.fr*

5 Femmes

Le machisme reste vivant en Espagne, mais les femmes y sont rarement importunées. Soyez néanmoins normalement vigilante, surtout la nuit tombée.

6 Assistance téléphonique

La Junta de Andalucía a mis en place des numéros d'appel gratuits (en espagnol). ◈ *Femmes : 900 20 09 99* • *Drogues : 900 16 15 15*

7 Étudiants

Séville, Grenade et Cordoue possèdent des universités et des centres d'information jeunesse. Une carte internationale d'étudiant souscrite avant le départ donne droit à des réductions, entre autres sur les transports publics. ◈ *Instituto Andaluz de la Juventud : c/O'Donnell 22, Séville ; 955 03 63 50* • *Centro Municipal de Información Juvenil : c/Varella 14 Bajo, Grenade ; 958 22 20 53* • *La Casa de la Juventud : c/Campo Madre de Dios, Cordoue ; 957 76 47 07*

8 Toilettes publiques

Elles sont rares, mais la loi impose aux bars de vous laisser utiliser les leurs. Un « S », pour *Señoras,* distingue les toilettes pour dames de celles des *caballeros* marquées d'un « C ».

9 Gays et lesbiennes

Une attitude tolérante règne dans les zones urbaines, mais les campagnes restent traditionalistes. ◈ *Asociación Andaluza de Lesbianas y Gais : Grenade, 958 20 06 02*

10 Quartiers gays

Séville, Grenade et Cadix abritent toutes trois une communauté gay. Torremolinos est le grand pôle de la vie nocturne *(p. 104).*

Gauche **Parc à thème** Droite **À la plage**

⑩ Avec des enfants

1 Hébergement
La majorité des établissements cités dans ce guide se montrent sincèrement accueillants avec les familles. Beaucoup d'hôtels autorisent sans supplément de jeunes enfants à dormir dans la chambre de leurs parents. Mais l'option la plus économique reste la location d'un appartement ou d'un bungalow *(p. 146)*.

2 Au restaurant
Les restaurants proposent souvent un menu pour les enfants, et certains prévoient même une carte spéciale. La plupart accepteront de préparer un plat adapté à un tout petit. Vous trouverez des fast-foods en zones urbaines et balnéaires.

3 Achat
Des jouets aux articles de plage, et des gadgets aux vêtements, les boutiques vendant des produits pour enfants ne manquent pas. Elles proposent en général des objets bon marché, et de piètre qualité. Vous n'aurez pas besoin de vous encombrer à l'aller, ni au retour.

4 Visites
Les parcs à thème possèdent normalement une aire de jeu destinée aux plus jeunes. Le musée du Bandit, à Ronda, devrait séduire les garçons. Les filles préféreront sans doute les marionnettes traditionnelles du musée de Cadix *(p. 54-55)*. Les grottes et leurs étranges concrétions calcaires rencontrent toujours du succès.

5 Activités
En campagne, des promenades à bicyclette ou à cheval constituent de bonnes activités de plein air à partager en famille. Des parcs aquatiques permettent de varier les plaisirs sur le littoral.

6 Adolescents
Sur la côte, ils trouveront très vite d'autres jeunes gens de toutes nationalités avec qui lier connaissance, se dépenser pendant la journée... et faire la fête le soir après être rentrés de la plage.

7 Vie nocturne
La prospérité de beaucoup de stations balnéaires dépend de leur clientèle familiale, et de nombreuses boîtes de nuit acceptent les adolescents, même s'il est légalement interdit de servir de l'alcool aux moins de 18 ans. Ils risquent d'y danser jusqu'au matin si vous n'imposez pas une heure de retour. Les Espagnols font preuve d'une grande tolérance quant à la présence d'enfants dans les débits de boissons.

8 À l'hôtel
Les grands complexes hôteliers du littoral proposent une large gamme d'activités, depuis de nombreux sports nautiques jusqu'à des ateliers d'artisanat pour les parents et des jeux organisés pour les très jeunes enfants. Ces activités sont en général organisées sur un rythme hebdomadaire. Un calendrier affiché à la réception en fournit le détail. N'attendez pas pour réserver des places aux plus populaires.

9 Baby-sitting
Sauf exception, les grands hôtels de chaîne et ceux qui s'adressent à une clientèle en séjour « tout compris » possèdent un service de baby-sitting dont le coût est parfois compris dans le forfait. Certains renferment une aire de jeu surveillée par un personnel qualifié. Dans les petits établissements gérés en famille, les propriétaires devraient pouvoir vous présenter une personne de confiance pour garder vos enfants.

10 Transports
Les enfants de moins de 4 ans prennent le train gratuitement, et jusqu'à 11 ans ils ne paient que 60 % du prix de la place. Limitez les déplacements si vos enfants sont jeunes, ils apprécieront davantage leur séjour.

Gauche **Repas au soleil** Droite **Friture de poisson et de fruits de mer**

Infos restaurants

1 Horaires et tenue vestimentaire
Les Espagnols mangent tard. Ils ne déjeunent pas avant 13h30 et il n'est pas rare de passer à table à 15h. Le soir, ils dînent entre 21h et 23h. Mieux vaut réserver dans les meilleurs restaurants. Rares sont ceux où une tenue de ville est exigée.

2 Petit déjeuner
Vous trouverez partout du pain, éventuellement grillé (tostada), et des viennoiseries pour accompagner un café. Beaucoup d'hôtels fréquentés par des Anglo-Saxons proposent un choix plus varié, souvent en buffet.

3 Tapas et *raciones*
Les Andalous mangent les tapas (p. 68-69) à l'apéritif, mais une sélection de ces amuse-gueules peut parfaitement constituer un repas complet, et très convivial si vous êtes plusieurs à partager vos tapas. En portions plus importantes, les mêmes plats prennent le nom de *raciones*. On peut aussi commander une *media ración*.

4 *Menú del Día*
Économique par rapport à la carte et souvent réservé au déjeuner, le « menu du jour » comprend une entrée, un plat, un dessert et une boisson.

5 Viandes
Du boudin (morcilla) aux jambons de Jabugo et Trevélez, le porc, sous toutes ses formes, tient une grande place dans l'alimentation des Andalous. Le bœuf sert de base à des recettes typiques comme le *rabo de toro*, de la queue en ragoût. Le poulet est souvent sauté à l'ail (al ajillo). L'agneau de lait (cordero lechal), les rognons (riñones) et les tripes (tripas) comptent parmi les autres mets typiques. En saison, de nombreux restaurants mettent le gibier à leur carte.

6 Poisson et fruits de mer
Une mayonnaise à l'ail (alioli) accompagne souvent le poisson grillé (a la plancha) ou cuit dans une croûte de gros sel (a la sal). Marinés, les filets de sardine ou d'anchois font de délicieuses tapas. Des fruits de mer (mariscos) comme le calmar, les crevettes (gambas) et des coquillages variés garnissent du riz ou entrent dans la composition de fritures (p. 66-67).

7 Légumes et desserts
Les légumes de saison les plus appréciés comprennent les asperges (espárragos), vertes ou blanches, et les champignons (setas). Ne manquez pas les épinards (espinacas) en cassolette. En dehors des fruits, le choix de desserts est souvent restreint au restaurant. Les gourmands se tourneront vers les douceurs, comme le *tocino de cielo (p. 69)*, confectionnées et vendues dans les couvents.

8 Boissons
En fino, le xérès, le manzanilla et le montilla-moriles s'accordent avec les tapas et le poisson. La région espagnole de La Rioja produit des rouges réputés. La Cruz Campo est la bière andalouse par excellence. Vous pourrez partout commander de l'eau minérale.

9 Végétariens et végétaliens
Même si des soupes comme le gazpacho (p. 68) et l'*ajo blanco* à l'ail constituent de savoureuses exceptions, de la viande, de la charcuterie, du poisson ou des fruits de mer entrent dans presque toutes les recettes locales. Vous risquez même de devoir trier les salades. La région compte peu de restaurants végétariens.

10 Pourboire
Le personnel des restaurants ne s'attend pas à ce que vous arrondissiez la note.

Gauche **Chambre d'un hôtel de montagne** Droite **Panonceau d'hôtel**

TOP10 Infos hébergement

1 Pensions

Ces établissements modestes aux appellations diverses (*hostales, pensiones, fondas, posadas*) et au confort limité pratiquent des tarifs suffisamment bon marché pour se révéler, en couple, parfois plus intéressants que les auberges de jeunesse. La propreté et l'état des lieux peuvent grandement varier. Mieux vaut visiter la chambre avant de s'engager.

2 Hôtels

Le système de classification, de une à cinq étoiles, dépend des prestations proposées et ne tient pas compte de critères comme la qualité de l'accueil ou la proximité du centre. À partir de deux étoiles, les chambres possèdent au moins une salle de bains avec douche. Le sigle « Hr » signale un hôtel-résidence dépourvu de restaurant.

3 En campagne

De plus en plus d'exploitations agricoles *(fincas)* ont aujourd'hui fait de l'accueil des visiteurs une activité importante et parfois unique (p. 145). Elles proposent en général des activités comme les randonnées à pied ou à cheval. Les campings sont pour la plupart bien équipés. Beaucoup possèdent une piscine et louent des bungalows.

4 Paradors

Ces hôtels de luxe appartiennent à une chaîne d'État unique au monde fondée en 1910. Ils occupent des bâtiments historiques ou des sites exceptionnels, et demandent des prix raisonnables comparés à leurs équivalents privés. Leurs restaurants, en particulier, s'avèrent très abordables pour la qualité du service et des mets.

5 Réserver

En haute saison *(p. 131)*, il est recommandé de réserver le plus tôt possible, aussi bien dans les pensions bon marché que dans des hôtels de luxe comme les paradors. D'innombrables sites Internet le permettent. Vous pouvez aussi vous adresser directement à l'établissement. Il vous faudra fournir un numéro de carte bancaire.

6 Sans réservation

Hormis en basse saison, et même dans une zone à l'offre aussi fournie que la Costa del Sol, la recherche d'une chambre à la dernière minute risque de prendre beaucoup de temps, et peut même se révéler infructueuse - dans votre gamme de prix. Un guide des hôtels espagnols est vendu en librairie. Les offices du tourisme tiennent à jour une liste des hébergements disponibles.

7 Pourboire

Un pourboire n'est pas systématiquement attendu, mais donner une pièce à un chasseur ou à un portier, surtout dans les établissements de standing, fait partie des usages. Pour remercier la femme de chambre, laissez quelque chose sur la table de nuit.

8 Suppléments surprise

Le prix annoncé ne comprend pas toujours l'IVA (équivalent de la TVA) de 7 %, ni le petit déjeuner. En ville, il vous faudra souvent débourser un supplément pour une place dans un parking ou un garage. Les hôtels surfacturent les appels téléphoniques passés depuis les chambres.

9 Avec des enfants

La famille demeure une valeur fondamentale de la société espagnole, et rares sont les hôtels et pensions qui ne font pas bon accueil aux enfants *(p. 135)*. Les grands complexes du littoral leur proposent pour la plupart un riche programme d'activités.

10 Langue

Les Andalous se sont mis à l'anglais et au français dans les grandes villes et les zones balnéaires, mais ils apprécieront vos efforts si vous tentez de dire au moins quelques mots dans leur langue.

Il n'existe pas en Andalousie d'organisme officiel s'occupant des réservations d'hôtel.

Gauche **Hotel Alfonso XIII** Droite **Hotel Casa Imperial**

℗10 Hôtels à Séville

1 Hotel Alfonso XIII
Ce palace historique de style néo-mudéjar commandé par Alphonse XIII pour l'Exposition de 1929 fait office de référence en matière de luxe en Andalousie. Il semblerait toutefois que la chaîne américaine qui l'a racheté ne maîtrise pas toutes les subtilités européennes dans le domaine du standing. Vous pouvez néanmoins y aller boire un verre. 🏵 *C/San Fernando 2* • *plan M4* • *954 91 70 00* • *www.westin.com* • *€€€€€*

2 Hotel Casa Imperial
Ce somptueux établissement du barrio de Santa Cruz occupe un palais du XVIe s. entourant plusieurs patios où chantent des jets d'eau. Chaque chambre possède sa propre décoration à base d'antiquités. Les hôtes ont accès à la piscine et aux équipements d'un club de sport proche. 🏵 *C/Imperial 29* • *plan N2* • *954 50 03 00* • *www.casaimperial.com* • *€€€€€*

3 Hotel Taberna del Alabardero
Sept chambres élégantes entourent un patio. Le restaurant a obtenu une étoile au Michelin. 🏵 *C/Zaragoza 20* • *plan L3* • *954 50 27 21* • *www. tabernadelalabardero.com* • *fer. août* • *€€€€*

4 Los Seises
Réaménagé pour offrir tout le confort moderne, l'ancien palais de l'archevêque date du XVIIe s. et contient tant d'objets romains et maures qu'il ressemble à un musée privé. La piscine et le bar du toit donnent vue de la Giralda. 🏵 *C/Segovia 6* • *plan M3* • *954 22 94 95* • *www.hotellosseises.com* • *€€€€*

5 Doña María
Cet hôtel de charme bordant une rue paisible possède lui aussi un bar et une piscine sur un toit dominé par la Giralda. 🏵 *C/Don Remondo 19* • *plan M3* • *954 22 49 98* • *www.hdmaria.com* • *€€€€*

6 Hotel Murillo
Cet établissement loue des chambres confortables près des jardins de Murillo. Les pièces communes sont un peu exiguës, mais des antiquités leur donnent une décoration exubérante. 🏵 *C/Lope de Rueda 9* • *plan M4* • *954 21 60 95* • *www.hotelmurillo.com* • *€€*

7 Hotel Corregidor
Près de l'alameda de Hércules, beaucoup de chambres donnent sur un patio et une fontaine. 🏵 *C/Morgado 17, angle de la c/Amor de Dios 36* • *plan M1* • *954 38 51 11* • *www. sevillaonline.com* • *€€€*

8 Hotel Simón
Cette demeure du XVIIIe s., à proximité de la cathédrale, est meublée avec goût d'antiquités. Elle possède une élégante cour intérieure et offre un bon rapport qualité-prix. Des azulejos décorent la salle à manger, le salon et les plus belles chambres. 🏵 *C/Garcia de Vinuesa 19* • *plan L3* • *954 22 66 60* • *www.hotel simonsevilla.com* • *€€€*

9 Hostal Picasso et Hostal Van Gogh
Les mêmes propriétaires gèrent ces deux petits établissements gais et sans prétention. Bien situés entre la cathédrale et l'Alcázar, ils louent des chambres propres et confortables. 🏵 *Hostal Picasso : c/San Gregorio 1 ; plan M4 ; 954 21 08 64 ; www.sevillaonline.com ; €€* • *Hostal Van Gogh : c/Miguel Mañara 4 ; plan M4 ; 954 56 37 27 ; www.sevilla online.com ; €€*

10 Instalación Juvenil Sevilla
Malgré sa situation au sud du parque María Luisa, cette auberge de jeunesse de 300 lits en chambres de 2 ou 3 personnes est souvent complète très tôt. Elle comprend une cafétéria. 🏵 *c/Isaac Perál 2* • *bus n° 34* • *955 05 65 00* • *www.inturjoven. com* • *pas de cartes de paiements* • *pas de chambres avec bain* • *pas de climatisation* • *€*

Mode d'emploi

138

Sauf indication contraire, les hôtels acceptent les cartes de paiement et toutes les chambres disposent d'une salle de bains et sont climatisées.

Ci-dessus **Alhambra Palace**

Catégories de prix

Prix par nuit pour   € moins de 50 €
une chambre double   €€ 50 €–100 €
avec petit déjeuner   €€€ 100 €–150 €
(s'il est inclus), taxes   €€€€ 150 €–200 €
et service compris.   €€€€€ plus de 200 €

Hôtels à Grenade

1 Parador de San Francisco

Cet ancien monastère du XVᵉ s., situé dans l'enceinte de l'Alhambra, possède 34 chambres. Il vous faudra réserver environ un an à l'avance pour y dormir. Pour tirer le maximum de l'expérience, essayez d'obtenir une chambre qui donne d'un côté sur l'Albaicín, et de l'autre sur le patio couvert de glycine. ◈ C/Real de la Alhambra • plan R2 • 958 22 14 40 • www.parador.es • €€€€€

2 Alhambra Palace

À quelques pas du palais nasride, toutes les chambres de cet édifice Belle Époque de style mauresque ménagent de belles vues. Les pièces communes possèdent un décor somptueux. ◈ C/Peña Partida 2–4 • plan R3 • 958 22 14 68 • www.h-alhambrapalace.es • €€€€

3 Hotel Casa Morisca

Le calme règne dans cette demeure du XVᵉ s., malgré sa situation centrale. Son aménagement en hôtel a préservé ses éléments originaux, dont son plafond mudéjar. Dotées de tout le confort moderne, les chambres donnent sur l'Albaicín, l'Alhambra ou sur la cour intérieure. ◈ Cuesta de la Victoria 9 • plan S2 • 958 22 11 00 • www.hotel casamorisca.com • €€€

4 Carmen de Santa Inés

Vous trouverez des antiquités partout dans cet élégant palais d'origine maure maintes fois remanié. Il abrite un vaste patio, mais certaines chambres sont petites. ◈ Placeta Porras 7 • plan Q2 • 958 22 63 80 • €€

5 Hotel Reina Cristina

Le dernier lieu de résidence de Federico Garcia Lorca a peu changé depuis le jour où le poète connut une fin tragique (p. 57). Chaque chambre possède une décoration personnalisée, et une fontaine de marbre blanc murmure dans le hall. ◈ C/Tablas 4 • plan F4 • 958 25 32 11 • www.hotelreinacristina. com • €€€

6 Casa del Aljarife

Dans cette charmante maison du XVIIᵉ s., dotée d'un patio traditionnel et d'un solarium, demandez une chambre avec balcon donnant sur les toits du quartier de l'Albaicín. Des azulejos ornent les salles de bains. ◈ Placita de la Cruz Verde 2 • plan R2 • 958 22 24 25 • www. granadainfo.com/most • €€

7 Cuevas El Abanico

Dans une rue piétonnière du Sacromonte, les pièces aux mur blanchis de maisons troglodytiques conservent un cachet des plus rustiques. La climatisation est inutile : été comme hiver car la température se maintient en permanence à environ 17 °C. ◈ Verea de Enmedio • plan F4 • www.el-abanico.com • €€

8 Hostal Suecia

Dans une impasse verdoyante, une maison traditionnelle espagnole au patio spacieux offre, depuis son toit en terrasse, une belle vue de l'Alhambra voisine. ◈ C/Molinos (Huerta de los Angeles) 8 • plan R3 • 958 22 50 44 • pas de cartes de paiements • pas de chambres avec bain • pas de climatisation • €

9 Posada Doña Lupe

Avec une piscine sur le toit donnant vue de l'Alhambra, vous ne pouvez espérer mieux pour le prix, mais les portes ferment à minuit. ◈ Paseo del Generalife (C/Alhambra) • plan S3 • 958 22 14 73 • pas de chambres avec bain • pas de climatisation • €

10 Instalación Juvenil Granada

Cette auberge de jeunesse loue des chambres pour deux avec bain, mais se trouve loin du centre. ◈ C/Ramón y Cajal 2 • plan F4 • 958 00 29 00 • www.inturjoven.com • accès handicapés • pas de cartes de paiements • pas de climatisation • €

Les prix des hôtels peuvent aller jusqu'à doubler en période de fêtes. Dates les plus importantes p. 60-61

Gauche **Parador de Ronda** Droite **Parador Arcos de la Frontera**

🔟 Paradors

1 Parador de Ayamonte

À l'embouchure du Guadiana, cet hôtel moderne se prête à l'exploration de la région à la frontière entre la province de Huelva et le Portugal. Ensoleillées, la plupart des chambres offrent une large vue de l'Atlantique. Le restaurant propose des recettes rurales et de poissons comme la raie et la lotte. 🕲 *El Castillito • plan A4 • 959 32 07 00 • accès handicapés • €€€*

2 Parador de Mazagón

Le parc paysager domine la longue plage de Mazagón et renferme une piscine, une salle de sport et un sauna. Les activités disponibles comprennent la découverte de la réserve naturelle voisine de Coto Doñana et des sports comme le golf, l'équitation ou la planche à voile. Fruits de mer et charcuteries, dont le jambon de Jabugo, dominent la carte. 🕲 *Playa de Mazagón • plan B4 • 959 53 63 00 • accès handicapés • €€€*

3 Parador Hotel Atlántico, Cadix

La plupart des chambres de ce complexe moderne en bord de mer donnent vue de l'Océan ou de la vieille ville. 🕲 *Avda Duque de Nájera 9 • plan B5 • 956 22 69 05 • accès handicapés • €€€*

4 Parador Arcos de la Frontera

Au bord du Guadalete, l'immeuble ménage une vue panoramique du quartier ancien et de la plaine fertile du fleuve. Il possède une cour intérieure traditionnelle et constitue le point de départ idéal à une excursion sur la route des *pueblos blancos* ou à Jerez de la Frontera. Le restaurant propose un menu dégustation de onze plats. 🕲 *Plaza del Cabildo • plan C5 • 956 70 05 00 • €€€*

5 Parador Alcázar del Rey, Carmona

L'un des plus beaux paradors d'Andalousie occupe une forteresse du xive s. bâtie sur une colline dominant le río Corbones. Il abrite un gracieux patio mudéjar et des chambres spacieuses et meublées d'antiquités. Même sa magnifique piscine offre de belles vues. 🕲 *Alcázar • plan C3 • 954 14 10 10 • €€€*

6 Parador de Ronda

Au bord du gouffre et face à la vieille ville, au débouché du Puente Nuevo, l'hôtel et sa piscine en plein air occupent l'emplacement de l'ancien hôtel de ville. Les douceurs servies au restaurant comprennent le *queso de almendras* (fromage d'amandes). 🕲 *Plaza de España • plan D5 • 952 87 75 00 • €€€*

7 Parador de Antequera

Près du spectaculaire El Torcal *(p. 99)*, un jardin renferme un immeuble moderne et sa piscine. 🕲 *García del Olmo • plan D4 • 952 84 02 61 • accès handicapés • €€€*

8 Parador del Gilbralfaro, Málaga

Au milieu des pins, près du château de Gibralfaro, un édifice en pierre fait face à l'alcázaba. Les hôtes ont accès aux équipements sportifs du Parador del Golf situé en bord de mer. 🕲 *Castillo de Gibralfaro • plan S4 • 952 22 19 02 • accès handicapés • €€€*

9 Parador Castillo de Santa Catalina, Jaén

Dans le château fort qui défendait Jaén au sommet d'une arête rocheuse, les chambres ménagent des vues splendides, et les pièces communes conservent un aspect évoquant le Moyen Âge. 🕲 *plan E3 • 953 23 00 00 • €€€*

10 Parador Condestable Dávalos, Úbeda

Dans un très élégant palais du xvie s. au cœur d'une des villes historiques les mieux préservées d'Espagne, vous pourrez vous croire de retour au temps de la Renaissance. 🕲 *Plaza de Vázquez Molina • plan F2 • 953 75 03 45 • €€€*

Mode d'emploi

140

Pour d'autres informations sur les paradors en Andalousie, consultez le site : www.parador.es

Ci-dessus **El Fuerte**

Catégories de prix

Prix par nuit pour	€ moins de 50 €
une chambre double	€€ 50 €-100 €
avec petit déjeuner	€€€ 100 €-150 €
(s'il est inclus), taxes	€€€€ 150 €-200 €
et service compris.	€€€€€ plus de 200 €

Hôtels de luxe

1 Hotel Jerez, Jerez
Équipées de lignes ADSL et RNIS, toutes les chambres, confortables, ont une décoration chaleureuse et donnent vue du jardin tropical et de la vaste piscine. Beaucoup ont un Jacuzzi. Avda Álvaro Domecq 35 • plan B5 • 956 30 06 00 • www.jerezhotel.com • accès handicapés • €€€

2 Reina Cristina, Algeciras
Ouvert en 1901, le premier palace construit sur la côte andalouse a perdu un peu de son lustre depuis l'époque où il accueillait des célébrités comme Federico García Lorca, Churchill, Roosevelt, de Gaulle, Cole Porter et Ava Gardner. Paseo de la Conferencia • plan C6 • 956 60 26 22 • www.reina cristina.com • €€

3 San Roque Club Hotel, San Roque
Un parc magnifiquement paysager renferme 50 villas, une piscine spectaculaire et un terrain de golf de 18 trous (p. 103). N340, km 126,5 • plan C6 • 956 61 30 30 • accès handicapés • €€€€€

4 Hotel Casa de Carmona
Ce palais du XVIe s., transformé en hôtel en 1991, fait désormais partie de la chaîne Relais et Châteaux, et les hôtes y jouissent d'un service du plus haut standing. Somptueusement meublées dans le respect d'un cadre d'origine Renaissance, les chambres et les pièces communes donnent sur quatre patios où murmurent des fontaines. Plaza de Lasso 1 • plan C3 • 954 19 10 00 • www.casadecarmona.com • €€€€€

5 El Juncal, Ronda
Une ancienne ferme a été réaménagée avec beaucoup de goût et son décor intérieur très moderne ne choque pas. La plupart des neuf chambres aux spacieuses salles de bains possèdent une terrasse. Le jardin abrite piscine, sauna et Jacuzzi. Ctra Ronda-El Burgo, km 1 • plan D5 • 952 16 11 70 • www.eljuncal.com • accès handicapés • €€€

6 El Fuerte, Marbella
Au sein d'une végétation subtropicale, ce grand hôtel de chaîne se trouve à la fois proche de la mer et du centre historique. Avda El Fuerte • plan D5 • 952 86 15 00 • www.fuertehoteles.com • accès handicapés • €€€€€

7 Hotel-Casino Torrequebrada, Benalmádena
L'établissement ressemble aux hôtels de Las Vegas. Il comprend un casino et propose un large éventail de chambres et de suites, mais toutes ont un balcon donnant sur la mer. Les hôtes disposent d'une piscine, d'un sauna, d'une salle de gymnastique et d'un court de tennis. Avda del Sol • plan D5 • 952 57 95 00 • www.torre quebrada.com • €€€€€

8 Hotel Meliá Cordoue
L'immeuble manque un peu d'âme, mais jouit d'une situation très pratique en plein milieu des jardins de la Victoria. Il possède un parking. Avda Jardines de la Victoria • plan D3 • 957 29 80 66 • www.meliacordoba.solmelia.com • accès handicapés • €€€€

9 Palacio de la Rambla, Úbeda
Vandelvira aurait dessiné le patio de ce palais du XVIe s., qui loue huit chambres à l'atmosphère aristocratique. Plaza del Marqués 1 • plan F2 • 953 75 01 96 • €€€

10 Gran Hotel Almería, Almería
Ce haut immeuble de béton présente un aspect sans intérêt, mais il a été récemment rénové avec goût. Les chambres ont un balcon donnant sur la mer, et la plage est seulement à quelques pas. Avda Reina Regente 8 • Ppan G4 • 950 23 80 11 • www.granhotelalmeria.com • accès handicapés • €€€

Sauf indication contraire, les hôtels acceptent les cartes de paiement et toutes les chambres disposent d'une salle de bains et sont climatisées.

141

Gauche **Hotel Playa Victoria** Droite **Hotel La Fuente de la Higuera**

TOP10 Complexes hôteliers

1 Hotel Riu Canela, Isla Canela

Près de la frontière portugaise et d'un terrain de golf, un vaste domaine renferme des bâtiments de style mauresque et plusieurs piscines, dont une couverte et une pour enfants. ❧ *Paseo de los Gavilanes • plan A4 • 959 47 71 24 • www.riu.com • fer. nov.-janv. • accès handicapés • €€€€*

2 Monte Castillo, Jerez

L'hôtel possède l'un des meilleurs terrains de golf d'Europe. Il loue aussi 32 chambres en villas, et offre le choix entre de nombreuses activités et plusieurs restaurants et snack-bars. ❧ *Ctra Jerez-Arcos, km 9,6 • plan B5 • 956 15 12 00 • www.montecastillo.com • accès handicapés • €€€€*

3 Hotel Playa Victoria, Cadix

Un haut immeuble neuf et sa piscine dominent la mer. La promenade jusqu'au centre ancien est agréable. ❧ *Glorieta Ingeniero de la Cierva 4 • plan B5 • 956 27 54 11 • www.palafoxhoteles.com • accès handicapés • €€€€*

4 Hotel Fuerte Conil, Conil de la Frontera

Son respect de l'environnement a valu un prix à ce complexe hôtelier de style mauresque bâti en bord de plage près du village de pêcheurs de Conil. La plupart des chambres possèdent un balcon et donnent sur la mer. Équipements sportifs, piscine et soins de beauté. ❧ *Playa de la Fontanilla • plan B5 • 952 86 15 00 • www.fuertehoteles.com • fer. nov.-fév. • accès handicapés • €€€€*

5 Kempinski Resort Hotel, Estepona

Cet établissement inauguré en 1999 offre le sommet du luxe dans un parc de 45 000 m² bordant une plage longue d'un kilomètre. ❧ *Ctra de Cádiz, km 159 • plan D5 • 952 80 95 00 • www.kempinski-spain.com • €€€€€*

6 Marbella Club Hotel, Marbella

Cet autre établissement de très grand standing comprend un centre thermal (thalasso, massages et bains de vapeur). Il possède son propre golf, à 20 mn en voiture, et des écuries. ❧ *Bulevar Príncipe Alfonso von Hoenlome • plan D5 • 952 82 22 11 • www.marbellaclub.com • accès handicapés • €€€€€*

7 Hotel La Fuente de la Higuera, Ronda

Une ancienne fabrique d'huile d'olive a été aménagée avec goût et une grande sobriété. Les chambres à la décoration personnalisée donnent toutes sur leur propre jardin ou terrasse. ❧ *Partido de los Frontones • plan D5 • 952 11 43 55 • www.hotellafuente.com • fer. janv.-fév. • accès handicapés • €€€*

8 Montaña Palmera, El Cañuelo, Periana, the Axarquía

À 700 m d'altitude, la vue porte jusqu'à la mer depuis ce centre construit spécifiquement pour des séjours de détente d'une semaine. Le prix inclut 10 h de cours de yoga, et des randonnées à cheval ou à pied. ❧ *Plan E4 • 952 53 65 06 • www.montana palmera.com • fer. nov. • accès handicapés • €€*

9 Hotel Paraíso del Mar, Nerja

Les chambres donnant du côté des montagnes sont en général plus spacieuses ou dotées d'un Jacuzzi. ❧ *C/Prolongación de Carabeo 22 • plan E5 • 952 52 16 21 • www.hotelparaisodelmar.com • accès handicapés • €€*

10 Finca La Bobadilla, Granada Province

Dans un domaine de 350 ha, ce splendide complexe hôtelier possède sa chapelle et évoque un village maure avec jardins et patios. ❧ *Sortie 175 (A92) • plan E4 • 958 32 18 61 • www.la-bobadilla.com • €€€€€*

Sauf indication contraire, les hôtels acceptent les cartes de paiement et toutes les chambres disposent d'une salle de bains et sont climatisées.

Ci-dessus **María de Molina**

Catégories de prix

Prix par nuit pour	€ moins de 50 €
une chambre double	€€ 50 €–100 €
avec petit déjeuner	€€€ 100 €–150 €
(s'il est inclus), taxes	€€€€ 150 €–200 €
et service compris.	€€€€€ plus de 200 €

🔟 Hôtels historiques

1 El Cortijo de los Mimbrales, El Rocío
Dans un domaine agricole de près de 1 000 ha bordant le parc naturel de Coto Doñana, d'anciennes fermes et des villas offrent un grand confort autour de patios fleuris. Orangers et jasmin parfument l'air. Des bougainvillées et des glycines créent des taches de couleurs vives au printemps. 🖎 Ctra Rocío-Matalascañas A483, km 30 • plan B4 • 959 44 22 37 • www.cortijo mimbrales.com • accès handicapés • €€€

2 Monasterio San Miguel, El Puerto de Santa María
Les prestations sont luxueuses dans cet ancien monastère baroque où les hôtes disposent d'un excellent restaurant, d'une piscine et d'un solarium. 🖎 C/Larga 27 • plan Bb • 956 54 04 40 • www. jale.com/monasterio • accès handicapés • €€€€

3 Cortijo Faín, Arcos de la Frontera
À 3 km au sud-est de la ville, une ferme du XVIIᵉ s. entourée d'oliveraies et couverte de bougainvillées permet de pratiquer l'équitation et possède une piscine, un restaurant et une bibliothèque. 🖎 Ctra del Algar, km 3 • plan C5 • 956 23 13 96 • accès handicapés • €€€

4 La Casa Grande, Arcos de la Frontera
La demeure seigneuriale érigée en 1729 par la famille Nuñez de Prado au bord du précipice de la Peña a conservé sa structure d'origine. Sols en terre cuite, poutres apparentes, colonnes en pierre, azulejos, dessus-de-lit tissés à la main et antiquités lui donnent un cachet chaleureux. 🖎 C/Maldonado 10 • plan C5 • 956 70 39 30 • www.lacasagrande.net • fer. mi-janv.-mi.fév. • €€

5 Amanhavis Hotel, Benahavis
Dans les collines à la sortie de Marbella, chacune des neuf chambres de l'Amanhavis a une décoration dont le thème est en rapport avec un nom comme « la caravane du marchand d'épice » ou « la couchette de Christophe Colomb ». Le restaurant revendique une « cuisine du marché ». 🖎 C/del Pilar 3 • Plan D5 • 952 85 60 26/ 61 51 • www.amanhavis. com • fer. janv. • €€€

6 Hotel González, Cordoue
Typique des vieilles demeures du quartier juif avec son hall d'entrée en marbre orné d'antiquités, un palais du XVIᵉ s. abrite autour de son patio des chambres récemment aménagées. 🖎 C/Manriquez 3 • plan D3 • 957 47 98 19 • €€

7 NH Amistad Cordoue
À 5 mn à pied de la Mezquita dans le quartier historique, l'hôtel occupe deux maisons bourgeoises du XVIIIᵉ s. et possède un grand patio néo-mudéjar. 🖎 Plaza de Maimónides 3 • Plan D3 • 957 42 03 35 • www.nh-hotels.com • accès handicapés • €€€€

8 El Castillo, Castillo de Monda
Une ancienne forteresse maure domine un pueblo blanco et offre un cadre opulent à un séjour. Elle possède une piscine et un restaurant réputé. 🖎 Avda de Castillo • plan D5 • 952 45 71 42 • www.costadelsol.spa.es/hotel/monda • €€€

9 Hotel Palacete Santa Ana, Baeza
Antiquités et peintures décorent un palais du XVIᵉ s. superbement restauré. Des fontaines rafraîchissent les patios. 🖎 C/Santa Ana Vieja 9 • plan F2 • 953 74 07 65 • www.palacetesantana. com • €€

10 María de Molina, Úbeda
La situation est idéale. L'élégant patio central aux colonnes de marbre crée un splendide puits de lumière. Un escalier d'apparat conduit aux étages. 🖎 Plaza del Ayuntamiento • plan F2 • 953 79 53 56 • www.hotel-maria-de-molina.com • €€

Gauche **Hotel Francia y Paris** Droite **Hotel Posada de Vallina**

TOP 10 Hôtels de charme à petits prix

1 Hotel Francia y Paris, Cadix

Cet établissement bien situé sur une place agréable de la vieille ville abrite un salon spacieux et des chambres confortables, certaines avec balcon. ✪ *Plaza San Francisco 6 • plan B5 • 956 21 23 19 • www. hotelfrancia.com • €€*

2 Doña Blanca, Jerez de la Frontera

En plein centre-ville, le Doña Blanca fournit des prestations haut de gamme pour des prix qui restent abordables. Les chambres et les pièces communes ont un décor agréable mais sont un peu exiguës. Le bâtiment renferme son propre garage. ✪ *C/Bodegas 11 • plan B5 • 956 34 87 61 • www.hoteldonablanca. com • accès handicapés • €€*

3 Hotel El Convento, Arcos de la Frontera

Installé dans un ancien couvent, comme son nom l'indique, cet hôtel au cœur d'Arcos s'organise autour du cloître. Du toit en terrasse s'ouvre un large panorama, et la plupart des chambres donnent vue du château. Le restaurant a pour spécialités les recettes locales. ✪ *C/Maldonado 2 • plan C5 • 956 70 23 33 • www.webdearcos.com/ elconvento • €€*

4 Hotel Marqués de Torresoto, Arcos de la Frontera

Dans un très confortable palais du XVIIᵉ s. reconverti avec goût, vous pourrez vous imprégner d'une atmosphère hors du temps dans la chapelle baroque ou aux tables dressées dans la cour centrale à arcades. ✪ *C/Marqués de Torresoto 4 • plan C5 • 956 70 07 17 • ww.tugasa.com • €€*

5 Hotel Los Patios, Cordoue

Cet établissement pittoresque devant l'entrée de la Mezquita est d'un incroyable rapport qualité-prix. Dotées de jolies salles de bains, toutes les chambres, propres et fonctionnelles, donnent sur des trois patios. Les hôtes prennent le petit déjeuner dans le plus grand. ✪ *C/Cardenal Herrero 14 • plan D3 • 957 47 83 40 • www.lospatios. net • €€*

6 Hotel Posada de Vallina, Cordoue

Une ancienne demeure seigneuriale fait face au mur sud de la Mezquita sur un site occupé dès l'époque romaine. Elle abrite des chambres relativement spacieuses, un bon restaurant de cuisine locale et un bar à tapas. ✪ *C/Corregidor Luis de la Cerda 83 • plan D3 • 957 49 87 50 • www. hotelvallina.com • €€€*

7 Hostal Lineros, Cordoue

Situé à 300 m de la Mezquita, l'Hostal Lineros possède une décoration mudéjare, y compris dans les chambres, et pratique des tarifs vraiment intéressants. ✪ *C/Lineros 38 • plan D3 • 957 48 25 17 • www.hostallineros38. com • €€*

8 Hotel San Gabriel, Ronda

Dans le quartier historique de la Ciudad, une demeure seigneuriale construite en 1736 renferme des chambres étonnamment somptueuses pour le prix. ✪ *C/Marqués de Moctezuma 19 • plan D5 • 952 19 03 92 • www hotelsangabriel.com • €€*

9 Cortijo Torrera, près de Motril

Associée à une école d'équitation, une ferme vieille de plus de 150 ans et restaurée avec amour garde son charme rustique sur une colline face à la mer. ✪ *Rambla de Lújar • Plan F5 • 958 34 91 39 • www.torrera.com • pas de climatisation • €*

10 Hotel Confortel, Baeza

Au cœur du quartier Renaissance, vous jouirez ici du confort et des prestations d'un hôtel de chaîne. ✪ *C/Concepción 3 • plan F2 • 953 74 81 30 • www. confortelhoteles.com • €€*

Ci-dessus **Alquería de Morayma**

Catégories de prix

Prix par nuit pour une chambre double avec petit déjeuner (s'il est inclus), taxes et service compris.

€ moins de 50 €
€€ 50 €-100 €
€€€ 100 €-150 €
€€€€ 150 €-200 €
€€€€€ plus de 200 €

TOP 10 Retraites rurales

1 Finca Buen Vino, sierra de Aracena

En pleine forêt, dans un ancien domaine agricole, un couple d'Anglais loue cinq chambres à la décoration personnalisée, ainsi que trois bungalows. Au printemps, bruyères et primevères fleurissent dans la vallée en dessous de la maison. Un splendide panorama s'ouvre de la piscine. ✆ *Près de Los Marines, N433, km 95 • plan A2 • 959 12 40 34 • www. fincabuenvino.com • €€€*

2 Antonio, Zahara de los Atunes

Aménagé dans un style traditionnel, avec de sobres murs blanchis, cet hôtel moderne en bord de plage possède une belle piscine. La plupart des chambres ont des terrasses et donnent sur la mer. ✆ *Atlanterra, km 1 • Plan C6 • 956 43 91 41 • www.antoniohoteles.com • accès handicapés • €€€*

3 Alcázar de la Reina, Carmona

Dans le cœur d'une ville qui conserve des vestiges romains, le bâtiment présente une façade austère. Le style mudéjar domine dans les pièces communes. Les chambres sont dotées d'une salle de bains en marbre, certaines ont une vue spectaculaire. ✆ *Plaza de Lasso 2 • plan C3 • 954 19 62 00 • www.alcazar-reina.es • €€€*

4 Hotel Humaina, montes de Málaga

Ce petit hôtel, tenu en famille, suit une démarche écologique au sein d'un parc naturel. Il met plutôt l'accent sur la relaxation, de la lecture dans la bibliothèque au bain de soleil près de la piscine, mais permet aussi des activités comme la randonnée à pied, à vélo ou à cheval. ✆ *Ctra Colmenar • plan E5 • 952 64 10 25 • www. hotelhumaina.es • €€*

5 Finca Buytrón, à la sortie de Montilla

Cette charmante ferme du XVIe s. a conservé des sols dallés. Entouré d'oliveraies, le jardin renferme une piscine. ✆ *C/Gran Capitán 24 • plan D3 • 957 65 01 52 • pas de climatisation • €€*

6 Posada La Niña Margarita, Los Villares

Au cœur du parc naturel de la Subbetica, qui se prête aux promenades à pied, à bicyclette ou à cheval, cette gracieuse ferme loue douze chambres d'une sobriété rustique. Elle possède une piscine et un restaurant (pension complète possible). ✆ *5 km de Carcabuey • plan E3 • 957 70 40 54 • www.casasdelasubbetica. com • pas de chambres avec bain • Pas de climatisation • €*

7 Cuevas La Granja, près de Benalúa

Près de Guadix, plusieurs habitations troglodytiques restaurées ont conservé chacune leur identité. ✆ *Camino de la Granja • plan F3 • 958 67 60 00 • www.cuevas.org • accès handicapés • pas de climatisation • €€*

8 Cuevas Pedro Antonio de Alarcón, Guadix

Ces cavernes aménagées, dotées d'une piscine, ménagent une belle vue de Guadix et de la sierra Nevada. ✆ *Bda San Torcuato • plan F4 • 958 66 49 86 • www. andalucia.com/cavehotel • accès handicapés • pas de climatisation • €€*

9 Cuevas de Orce, ctra de María, Orce

Ces vingt grottes offrent un confort allant de 2 à 4 étoiles. Elles partagent une piscine spacieuse. ✆ *Ctra de Maria • plan G3 • 958 74 62 81 • www.cuevasdeorce.com • accès handicapés • pas de climatisation • €€*

10 Alquería de Morayma, Alpujarras orientales

Des bâtiments rustiques et une piscine s'étagent à flanc de colline parmi les oliviers et les amandiers. ✆ *A348 Ctra Trovizcón-Cádiar • plan G4 • 958 34 32 21 • www. alqueriamorayma.com • pas de climatisation • €*

Sauf indication contraire, les hôtels acceptent les cartes de paiement et toutes les chambres disposent d'une salle de bains et sont climatisées.

145

Gauche et droite **Cantueso, Periana**

🔟 Locations

1 Casas Rurales Los Gallos, Almonaster la Real

Au sein d'une réserve naturelle, un jardin fleuri renfermant une piscine entoure six bungalows pouvant accueillir de 2 à 6 personnes. Ils forment un ensemble cohérent, mais possèdent tous leur propre personnalité. 🦢 *Finca Los Gallos, Estación de Almonaster* • *plan B3* • *959 50 11 67* • *www.alojamientolos gallos.com* • *pas de cartes de paiement* • *pas de climatisation* • *€€*

2 Villa Turística Grazalema

Pour le prix, ce complexe comprenant un hôtel, des appartements à louer, une piscine, un parking et un café fournit des prestations relativement luxueuses. Un jardin entoure la terrasse qui donne vue sur les montagnes. 🦢 *Ctra Olivar* • *plan C5* • *956 13 21 36* • *pas de climatisation* • *€€*

3 Casas Karen, Costa de la Luz

Sur une côte préservée, des appartements et des bungalows typiquement andalous, situés à 5 mn à pied de la plage. Guettez le panneau *« appartamentos y bungalows »*. 🦢 *Fuente del Madroño 6, près de Cabo Trafalgar* • *plan C6* • *956 43 70 67* • *www.casaskaren.com* • *pas de cartes de paiement* • *pas de climatisation* • *€€*

4 Apartamentos Murillo, Séville

Ces appartements agréables bordent une ruelle étroite en plein cœur du barrio de Santa Cruz. 🦢 *C/Reinosa 6* • *plan M3* • *954 21 09 59* • *www.hotelmurillo.com* • *€€*

5 Villa Turística de Cazalla

L'endroit pour découvrir la sierra Norte. Les équipements comprennent un court de tennis, une piscine et un restaurant, et la direction organise des randonnées à pied, des promenades à cheval et des visites guidées. 🦢 *Ctra Cazalla-Constantina, km 3* • *plan C3* • *954 88 33 10* • *pas de cartes de paiement* • *pas de climatisation* • *€€*

6 Hostal La Posada, Mijas

Louez à bon prix un appartement entièrement équipé dans une jolie station de la Costa del Sol. 🦢 *C/Coin 47 et 49* • *plan D5* • *952 48 53 10* • *pas de cartes de paiement* • *pas de climatisation* • *€*

7 Hacienda La Colorá, Montoro

Dans cette maison de maître du XVIIIe s., vous logerez dans une suite somptueuse, dans un studio ou dans un appartement. Le domaine renferme une belle piscine. Les propriétaires y cultivent des oliviers et produisent du miel. Ils proposent des cours de peinture. 🦢 *9 km au NO de Montoro sur la CO414* • *plan E2* • *957 08 84 43* • *www.lacolora.com* • *pas de climatisation* • *€€*

8 Cantueso, Periana

Un magnifique panorama s'ouvre devant la piscine. L'architecture des bungalows respecte la tradition andalouse. 🦢 *Axarquía* • *Plan E4* • *699 94 62 13* • *www.cantueso. net* • *pas de cartes de paiement* • *pas de climatisation* • *€€*

9 Casa La Piedra, Cómpeta

Dans un village à quelques kilomètres de la côte, cette vieille maison très romantique accueille des visiteurs pour un séjour d'une semaine au moins. 🦢 *Plazoleta 17, the Axarquía* • *plan E4* • *952 51 63 29* • *www.2sandra.com* • *pas de cartes de paiement* • *pas de climatisation* • *€€*

10 Santa Ana Apartamentos Turísticos, Grenade

Juste au-dessus du Darro et en face de l'Albaicín, les appartements bien équipés comprennent une chambre et un séjour. L'un d'eux occupe une grotte. Le studio du dernier étage possède une terrasse. 🦢 *Puente Espinosa 2* • *plan F4* • *958 22 81 30* • *www. apartamentos-santaana.com* • *pas de climatisation* • *€€*

Ci-dessus **Hostal Séneca**

Catégories de prix

Prix par nuit pour	€ moins de 50 €
une chambre double	€€ 50 €–100 €
avec petit déjeuner	€€€ 100 €–150 €
(s'il est inclus), taxes	€€€€ 150 €–200 €
et service compris.	€€€€€ plus de 200 €

⑩ Hébergement bon marché

1 Hostal La Malagueña, Estepona

Bien qu'il ne s'agisse pas d'une véritable auberge de jeunesse, les tarifs sont très intéressants. Les chambres aérées ont des balcons donnant sur la place. La station balnéaire conserve un quartier ancien. ✆ C/Castillo 1 • plan D5 • 952 80 00 11 • pas de climatisation • €

2 Pensión La Purísma, Ronda

Comme tous les lieux d'hébergement bon marché de Ronda, cette pension à l'ancienne, propre, lumineuse et accueillante, se trouve dans la partie la plus récente de la ville. Elle fournit ainsi l'occasion de franchir à pied le Puente Nuevo pour rejoindre la Ciudad. ✆ C/Sevilla 10 • plan D5 • 952 87 10 50 • pas de cartes de paiement • pas de climatisation • €

3 Alberge juvenil, Marbella

L'auberge de jeunesse, dotée d'une piscine au sein d'un parc, est située au nord du centre ancien. Elle loue des chambres de 2 à 4 lits, certaines avec salle de bains. La carte d'adhérent est obligatoire. ✆ C/Trapiche 2 • plan D5 • www.inturjoven.com • accès handicapés • pas de cartes de paiement • pas de climatisation • €

4 Hostal Séneca, Cordoue

Réservez votre chambre dans cette pension chaleureuse et d'un excellent rapport qualité-prix. Joli patio de style mauresque. ✆ C/Conde y Luque • plan D3 • 957 47 32 34 • pas de cartes de paiement • pas de chambres avec bain • pas de climatisation • €

5 Alberge Juvenil, Málaga

L'auberge de jeunesse est très éloignée du centre mais elle possède des chambres modernes et un solarium. ✆ Plaza Pio XII 6 • Plan E5 • 952 30 85 00 • www.inturjoven.com • accès handicapés • pas de cartes de paiement • pas de chambres avec bain • pas de climatisation • €

6 Instalación Juvenil, Solynieve, sierra Nevada

L'auberge est située près du sommet de la station, les chambres contiennent de 2 à 6 lits. Il est possible de louer du matériel, des skis en particulier. ✆ C/Peñones 22 • plan F4 • 958 48 03 05 • www.inturjoven.com • accès handicapés • pas de cartes de paiement • pas de climatisation • €

7 Instalación Campamento Juvenil Mazagón

À proximité de la plage, des bungalows de 4 lits complètent le camping.

Celui-ci renferme une salle de télévision, un self-service et des équipements sportifs. ✆ Ctra A-494, km 27,5 • plan B4 • 959 53 62 62 • www.inturjoven.com • fer. sept.-mars, mai-juin • pas de cartes de paiement • pas de climatisation • €

8 Camping El Sur, Ronda

Ce camping possède des bungalows. Il permet des randonnées à pied et à cheval aux alentours de Ronda. ✆ Ctra Ronda-Algeciras, km1,5 • plan D5 • 952 87 59 39 • www.campingelsur.com • pas de cartes de paiement • pas de chambres avec bain • pas de climatisation • €

9 Camping Embalse Conde de Guadalhorce, Ardales

Dans la région des cuevas de Ardales aux peintures préhistoriques, ce camping arboré loue aussi des appartements. ✆ Plan D4 • 952 45 80 87 • pas de cartes de paiement • €

10 Camping Sierra Nevada, Grenade

Accessible en bus depuis le centre-ville, le complexe comprend un motel et une piscine. ✆ Avda de Madrid 107 • plan F4 • 958 15 00 62 • www.campingsierra nevada.com • fer. nov.-fév. • pas de cartes de paiement • €

Index

A

Abd al-Rahman Iᵉʳ, calife 20
Abd al-Rahman III, calife 16, 35, 119
Acacias, Las (Málaga) 105
Accidents 133
Activités de plein air 50-51
Adolescents 135
Agriculture 36, 110
Aires de Doñana (El Rocío) 93
Alacena, La (Grenade) 114
Alájar 42, 90
  randonnée 52
  restaurants 93
Alameda de Hércules (Séville) 79
Albahaca, La (Séville) 85
Albaicín (Grenade) **12-13**, 111, 114
Alcaicería, La (Grenade) 111, 114
Alcaidesa Links 103
Alcalá la Real 121
  Fortaleza de la Mota 38
Alcazaba (Almería) 37
Alcazaba (Grenade) 8
Alcazaba (Málaga) 37
Alcázares 38
  alcázar de Jerez 99
  alcázar de la Reina (Carmona) 145
  alcázar de los Reyes Cristianos (Cordoue) 18, 47
Algésiras (Algeciras) 99
  hôtels 141
Alhama de Granada 110
  restaurants 117
Alhambra (Grenade) **8-9**, 11
Alhambra Palace (hôtel, Grenade) 139
Alicantina, La (Séville) 84
Aljaraque
  restaurants 93
Aller et se déplacer en Andalousie 128-129, 135
Almería 111
  Alcazaba 37
  excursion depuis Nerja 52
  flamenco 59
  hôtels 141
  Mini Hollywood 63
  vie nocturne 115
  restaurants 117

salons de thé et bars à tapas 116
Almería (province de) voir provinces de Grenade et Almería
Almohades, dynastie des 36
Almonaster La Real 37, 40, 42, 90
  locations 146
Almudaina (Cordoue) 123
Almuñécar 110
  Aquatropic 63
  plages 49
  museo Arqueológico Cueva de Siete Palacios 55
  restaurants 117
  salons de thé et bars à tapas 116
Alphonse X le Sage 17
Alphonse XI de Castille 16
Alphonse XIII, roi 138
Alpujarras, Las 33, 37
  artisanat 114
  excursions 53
  hôtels 145
Alquería de Morayma (Alpujarras orientales) 145
Amanhavis Hotel (Benahavis) 143
Ambassades 126
Ambulances 133
Ancienne gare de Cordoue (Séville) 82
Ancladero, El (Nerja) 105
Andalousie bon marché 131, 144, 147
Ángel Azul, El (Grenade) 115
Angeles Méndez (Séville) 80
Antequera 96
  museo Municipal 55
  promenades 53
Antigua Casa de Guardia (Málaga) 107
Antonio (Zahara de los Atunes) 145
Antonio Martín (Málaga) 107
Apartamentos Murillo (Séville) 146
Aquatropic (Almuñécar) 63
Aracena 90
  cafés et bars à tapas 92
Architecture
  maure 36
  Renaissance 29
  style califal 20

Archivo de Indias La Lonja (Séville) 54
Arcos (Grenade) 114
Arcos de la Frontera 42, 98
  hôtels 143, 144
Ardales
  camping 147
Arenal, El (Séville) 81
Arfe, Juan de 15
Argentina, La 58
Aristote 36
Aroche 90
  cafés et bars à tapas 92
  marchés 91
  restaurants 93
Arqueros, Los 103
Arrayanes (Grenade) 117
Art et culture 56-57
  maure 36
Arte Cordobés (Cordoue) 122
Artesania El Suspiro (Grenade) 114
Artisanat
  maure 37
  provinces de Grenade et Almería 114
  provinces de Séville et Huelva 91
  souvenirs 64
Assistance téléphonique 134
Assomption 61
Assurance 126
Atrévete (Torremolinos) 104
« Aubaines » 130
Autobus 129
Autocar 128
Avec des enfants 62-63, 135
  à l'hôtel 135, 137
Averroès 36
Axarquía
  hôtels 142
Ayamonte
  plages 48
  cafés et bars à tapas 92
  restaurants 93
Ayuntamiento (Séville) 38, 76
Aznar, José Maria 35

B

Babylon (Grenade) 115
Baby-sitting 135
Baena
  boutiques et marchés 122
  huile d'olive 120

Baeza 7, **28-29**, 119
  hôtels 143, 144
  palacio de Jabalquinto 39
  paseo de la Constitución
    47
  promenades 53, 121
  restaurants 123
Baños Arabes (bains arabes)
  Grenade 12
  Ronda 25, 37
Baños de la Encina 39
Banques 132
Bar Altamirano (Marbella)
  105
Bar Bistec (Séville) 84
Bar Chimbito (Punta Umbria)
  92
Bar España (Séville) 85
Bar Juanito (Jerez) 107
Bar La Farola (Ronda) 107
Bar La Reja (Écija) 92
Bar La Trabajadera (Cordoue)
  123
Bar Lalo (Aroche) 92
Bar Los Faroles (Grenade) 59
Bar Plaza (Carmona) 92
Bar San Lorenzo (Séville) 84
Baraka (Cordoue) 122
Barbacoa Colóniales (Séville)
  84
Barranco de Poqueira 33
Barrio del Pópulo (Cádiz) 22
Barrio de Triana (Séville) 78
Bars voir Tapas, bars à
Benahavis
  hôtels 143
Benalmádena 27
  hôtels 141
  vie nocturne 104
  SeaLife 63
  Tívoli World 62
Benalmádena Costa
  vie nocturne 104
  restaurants 105
Benalúa
  hôtels 145
Biblioteca Colombina
  (Séville) 15
Bicyclette 129
Bière 69
Bijoux 64
Bizet, Georges 75
Boabdil 11, 33, 35
Bodegas 66-67
  Bodega El Pimpi (Málaga)
    67
  Bodega Francisco
    (Almuñécar) 116

Bodegas Alvear (Montilla)
  66
Bodegas Andrade 67
Bodegas Castañeda, El
  (Grenade) 116
Bodegas Gomara 67
Bodegas Mezquita
  (Cordoue) 122
Bodegas Quitapeñas
  (Torremolinos) 105
Bodegas Robles (Montilla)
  66
  Cooperativa Nuestra
    Señora del Rocio 67
  González-Byass 66
  Osborne Bodega 66
  Pedro Domecq 66
  Sandeman 66
  visites guidées 127
Boissons 69, 136
  voir aussi vin
Bonneteau 130
Borosa, río
  randonnée 52
Bosque, El (Jerez) 107
Botticelli, Sandro 109
Boutiques marocaines,
  Grenade 13
Brandy de Jerez 98
Brenan, Gerald 33
Bulería, La (Jerez) 59
Buñuel, Luis 57
Byron, Lord 22, 57

C
Cabo de Gata 45, 49
Cadix (Cádiz) 6, 22-23, 95
  excursion depuis Tarifa 53
  faire des achats 102
  flamenco 59
  hôtels 142, 144
  museo de Cádiz 54
  oratorio de San Felipe Neri
    40
  paradors 140
  parque Genovés 46
  plaza San Juan de Dios 46
  promenades 53
  restaurants 107
  vie nocturne 106
Cadix (province de) voir
  provinces de Málaga et
  Cadix
Café 69
Café Bar Manzano (Aracena)
  92
Café de Emilio, El (Castril)
  116

Cafés
  provinces de Séville et
    Huelva 92
  Séville 84
Calderón de la Barca, Pedro
  57
Calle de las Sierpes (Séville)
  79
Camachas, Las (Montilla)
  123
Cambio de Tercio (Cazalla) 93
Camborio, El (Grenade) 115
Campiña, La 88
Camping 131, 147
Camping El Sur (Ronda) 147
Camping Embalse Conde de
  Guadalhorce (Ardales) 147
Camping Sierra Nevada
  (Grenade) 147
Cañada, La 103
Cano, Alonso 54, 56, 75, 109
Cantueso (Periana) 146
Cañuelo Periana, El
  hôtels 142
Capilla Mayor (Séville) 15
Capilla Real (Cordoue) 21
Capilla Real (Grenade) 41,
  109, 111
Capilla del Salvador (Úbeda)
  41
Capilla de Villavisiosa
  (Cordoue) 21
Caravage, le 56
Carbonería, La (Séville) 81
Carmen de Santa Inés
  (Grenade) 139
Carmona 88-89
  cafés et bars à tapas 92
  hôtels 145
  paradors 140
  restaurants 93
Carnaval 60
  Cadix 23
Carromato de Max (Mijas) 62
Cartes bancaires 132
Cartuja de Santa María de
  las Cuevas (Séville) 77
Casa del Aljarife (Grenade)
  139
Casa de Castril (Grenade) 12
Casa de la Condesa de
  Lebrija (Séville) 78
Casa de la Contratación
  (Séville) 17
Casa Curro (Osuna) 92
Casa Enrique (Grenade) 116
Casa Flores (El Puerto de
  Santa María) 107

Casa Grande, La (Arcos de la Frontera) 143
Casa Luciano (Ayamonte) 93
Casa de la Memoría de al-Andalus (Séville) 59, 81
Casa Morales (Séville) 85
Casa La Piedra (Cómpeta) 146
Casa de Pilatos (Séville) 38, 75
Casa Placido (Séville) 85
Casa Puga (Almería) 116
Casa del Rey Moro (Ronda) 24
Casa Rubio (Cordoue) 123
Casas Karen (Costa de la Luz) 146
Casas Rurales Los Gallos (Almonaster la Real) 146
Casino Torrequebrada (Benalmádena Costa) 104
Castillo, El (Castillo de Monda) 143
Castillo de Monda
  hôtels 143
Castillos 38-39
  castillo de Almodóvar del Río 120
  castillo de Burgalimar (Baños de la Encina) 39
  castillo de Lacalahorra 39
  castillo de Santa Catalina (Jaén) 39
  castillo de Vélez Blanco 39
  Fortaleza de la Mota (Alcalá la Real) 38
Castril 43
  salons de thé et bars à tapas 92
Cathédrales
  Baeza 28
  Cadix 22
  Cordoue 21
  Grenade 41, 109, 111
  Jaén 41
  Séville 6, 14-15, 40, 75, 77
Cazalla de la Sierra 88
  cafés et bars à tapas 92
  restaurants 93
Cazorla 43
Cerámica Santa Ana (Séville) 80
Céramiques 29, 64, 65, 91, 122
Cervecería Giralda (Séville) 77, 84
Charles Quint, empereur 16, 35

Charters 128
Chateaubriand, François René, vicomte de 57
Chemins de fer 127, 128, 129
Chèques de voyage 132
Chez Jacquy (Playa Cotobro) 117
Chipiona 99
  plage 48
Chorro, El 99
Churchill, Winston 62
Churrasco, El (Cordoue) 123
Climat 126
Colegiata de Santa María de la Asunción (Osuna) 40
Colline du Soleil (Grenade) 10
Colomb, Christophe 15, 35, 77, 79, 87, 89
Comedia, La (Marbella) 104
Communications 132
Cómpeta
  locations 146
Complexes hôteliers 142
Condado de Huelva 91
Conil de la Frontera
  hôtels 142
Consulats 126
Convento de Santa Clara (Moguer) 89
Convento de Santa Paula (Séville) 78
Cooperativa Nuestra Señora del Rocío 67
Cordoue 6, 18-21, 119
  alcázar de los Reyes Cristianos 47
  boutiques et marchés 122
  flamenco 59
  hébergement bon marché 147
  hôtels 141, 143, 144
  Mezquita 6, 18, 20-21, 37, 40
  museo Arqueológico 55
  plan 19
  plaza de la Corredera 47
  promenades 53
  restaurants 123
Corrida 25, 51
  Maestranza (Séville) 78
  museo de la Maestranza (Séville) 54
  museo Taurino (Cordoue) 19
  plaza de Toros (Ronda) 25

Corte Inglés, El (Séville) 80
Cortegana 90
Cortijo Fain (Arcos de la Frontera) 143
Cortijo de los Mimbrales, El (El Rocío) 143
Cortijo Torrera (Costa Tropical) 144
Costa de la Luz 98
  locations 146
Costa del Sol 7, 26-27, 95
  carte 27
  golfs 103
  restaurants 105
  vie nocturne 104
Costa Tropical, hôtels 144
Coto Doñana, parque Nacional del 7, 30-31, 44, 87
Crime 133
Cuevas El Abanico (Grenade) 139
Cuevas La Granja (Benalúa) 145
Cuevas de Nerja 63
Cuevas de Orce 145
Cuevas Pedro Antonio de Alarcón (Guadix) 145
Cuir 65, 91, 102
Cunini (Grenade) 117

D
Dalí, Salvador 57
Danse
  festivals 61
  gitans 58-59
  séjours à thème 127
Darro, río 10
Découverte de la nature 127
Discos Sevilla (Séville) 80
Distributeurs de billets 132
Doña Blanca (Jerez de la Frontera) 144
Doña María (Séville) 138
Donneuses de fleurs 130
Dreamers (Marbella) 104
Duquesa, La 103
Duros Antiguos, Los (Cadix) 102

E
Eau 69, 130
Écija 88
  cafés et bars à tapas 92
  restaurants 93
Écrivains 57
Églises 40-41
  savoir-vivre 130

Eiffel, Gustave 97
Équitation 50, 129
  gitans 59
  magasins d'équipement
    équestre 102
  séjours à thème 127
Escalera del Agua (Grenade)
  11
Eshavira (Grenade) 115
Eslava (Séville) 85
Espuma del Mar (Isla
  Canela) 92
Esquinita, La (Grenade) 116
Estepona 26
  hébergement bon marché
    147
  hôtels 142
  restaurants 105
Estrecho, El (Marbella) 105
Étudiants 134
Excursions 52-3
  las Alpujarras 53
  Nerja à Almería 52
  Ronda à Jerez 52
  Tarifa à Cadix 53
  vallée du Guadalquivir 53

F

Fábrica Real de Tabacos
  (Séville) 75
Faire des achats
  Grenade 13
  pour des enfants 135
  provinces de Cordoue et
    Jaén 122
  provinces de Málaga et
    Cadix 102
  provinces de Séville et
    Huelva 91
  Séville 80
Falla, Manuel de 57
Faro (Cadix) 107
Faune
  séjours à thème 127
  voir aussi réserves
    naturelles
Faux 130
Femmes 134
Ferias 61
  feria de Abril 61, 76
  feria del Caballo 61
  feria de Jamón 61
Ferdinand d'Aragon, roi 11,
  17, 41
Ferdinand le Saint, roi 79
Ferry-boats 128, 129
Fête-Dieu 60
Fêtes 61

religieuses 60-61
Fiesta de la Aceituna 61
Fiesta de las Cruces 60
Fiesta de los Reyes Magos
  60
Fiesta de San Miguel 61
Fiesta de los Verdiales 61
Figueroa, Leonardo de 57, 78
Filigrane 64
Fillo, El 58
Finca La Bobadilla (province
  de Grenade) 142
Finca Buen Vino (sierra de
  Aracena) 145
Finca Butyrón (Montilla) 145
Flamenco 58-59, 61
  Cadix 106
  costumes 102
  Jerez 106
  séjours à thème 127
  Séville 83
  souvenirs 64
Flore et faune 45
Football 51
Forestier, Jean-Claude
  Nicolas 46
Formalités 126
Fortaleza de la Mota (Alcalá
  la Real) 38
Franco, Francisco, général
  27, 90, 97
Fuengirola 26
Fuerte, El (Marbella) 141
Fun Beach (Torremolinos)
  104
Fútbol (football) 51

G

Galería de Vinos (Jaén) 122
Gallos, Los (Séville) 81
García Lorca, Federico 57,
  96, 139
  museo-Casa Natal
    Federico García Lorca 110
Gautier, Théophile 57
Gays 134
  Torremolinos 104
Generalife (Grenade) 10-11
Ghadamés (Cordoue) 122
Gibraltar 97
  faire des achats 102
  vie nocturne 97
Giralda (Séville) 6, 15, 75
Goleta, La (San Miguel del
  Cabo de Gata) 117
Golf 51
  Costa del Sol 103
  séjours à thème 127

Golf El Paraíso 103
González, Felipe 35
González-Byass 66, 97
Goya y Lucientes, Francisco
  José de 15, 19, 23
Gran Hotel Almería (Almería)
  141
Gran Tino (Séville) 84
Grenade
  Albaicín **12-13**
  Alhambra **8-9**, 11
  camping 147
  Capilla Real 41, 109, 111
  cathédrale 41, 109, 111
  flamenco 59
  Generalife **10-11**
  Grenade maure 6, **8-13**,
    37, 109
  hôtels 139
  locations 146
  monasterio de San
    Jerónimo 41
  plaza Nueva 47
  promenades 53, 111
  restaurants 117
  salons de thé et bars à
    tapas 116
  souvenirs 64
  vie nocturne 114, 115
Grenade 10 (Grenade) 115
Greco, El 23, 54, 75
Grottes
  cuevas de Nerja 63
  gruta de las Maravillas 87
  habitats troglodytiques 59
  Sacromonte 12
  spéléologie 50
Gruta de las Maravillas 87
Guadalquivir, río 30, 53, 74
Guadiamar, río 31
Guadix 110
  hôtels 145
Gitans 58-59
  Jerez de la Frontera 98
  Sacromonte 12

H

Hacienda La Colorá 146
Hadrien, empereur 35, 89
Handicapés 133, 134
Hannibal 121
Hecho en Cádiz (Cadix) 102
Hemingway, Ernest 57
Herradura, La
  restaurants 117
Histoire 34-35
Hôpitaux 133
Hospital de la Caridad

(Séville) 78
Hospital de Mujeres (Cadix) 23
Hospital de los Venerables (Séville) 77, 78
Hostal Lineros (Cordoue) 144
Hostal La Malagueña (Estepona) 147
Hostal Picasso (Séville) 138
Hostal La Posada (Mijas) 146
Hostal Séneca (Cordoue) 147
Hostal Suecia (Grenade) 139
Hostal Van Gogh (Séville) 138
Hostería del Laurel (Séville) 85
Hotel Alfonso XIII (Séville) 138
Hotel Casa de Carmona 141
Hotel Casa Imperial (Séville) 138
Hotel Casa Morisca (Grenade) 139
Hotel Confortel (Baeza) 144
Hotel El Convento (Arcos de la Frontera) 144
Hotel Corregidor (Séville) 138
Hotel Francia y Paris (Cadix) 144
Hotel La Fuente de la Higuera (Ronda) 142
Hotel Fuerte Conil (Conil de la Frontera) 142
Hotel González (Cordoue) 143
Hotel Humaina (Montes de Málaga) 145
Hotel Jerez (Jerez) 141
Hotel Marqués de Torresoto (Arcos de la Frontera) 144
Hotel Meliá (Cordoue) 141
Hotel Murillo (Séville) 138
Hotel Palacete Santa Ana (Baeza) 143
Hotel Paraíso del Mar (Nerja) 142
Hotel Los Patios (Cordoue) 144
Hotel Playa Victoria (Cadix) 142
Hotel Posada de Vallina (Cordoue) 144
Hotel Reina Cristina (Grenade) 139
Hotel Riu Canela (Isla Canela) 142
Hotel San Gabriel (Ronda) 144
Hotel Simón (Séville) 138
Hotel Taberna del Alabardero (Séville) 138
Hotel Torrequebrada (Benalmádena) 141

Hôtels 137-145
    avec des enfants 135, 137
    voyageurs handicapés 134
Hôtels de luxe 141
Huelva 87, 89
    faire des achats 91
    restaurants 93
Huelva (province de) voir provinces de Séville et Huelva
Huile d'olive 120

I

Iglesia de San Mateo (Lucena) 40
Iglesia de San Pedro y San Pablo (Grenade) 12
Iglesia San Salvador (Séville) 78
Iglesia de Santa Ana (Grenade) 12
Iglesia de Santa Cruz (Cadix) 22
Iglesia de Santa María la Mayor (Ronda) 25
Ilustre Víctima, La (Séville) 84
Indicatifs téléphoniques 132
Instalación-Campamento Juvenil Mazagón 147
Instalación Juvenil (Solynieve) 147
Instalación Juvenil Granada (Grenade) 139
Instalación Juvenil Sevilla (Séville) 138
Internet 126, 132
Irving, Washington 11, 57, 77
Isabelle de Castille 11, 17, 35, 41, 89, 110
Isla Canela
    cafés et bars à tapas 92
    hôtels 142
Isla Mágica (Séville) 62
Itálica 89
IVA 131
Iznájar
    randonnée 52
Iznatoraf 43

J

Jabugo 90
Jaén, Bartolomé de 109, 121
Jaén 121
    boutiques et marchés 122
    castillo de Santa Catalina 39
    cathédrale 41

museo Provincial y de Bellas Artes 55
    restaurants 123
Jaén (province de) voir provinces de Cordoue et Jaén
Jardín Botánico La Concepción (Málaga) 47
Jardines Altos (Grenade) 11
Jardines de Murillo (Séville) 77, 79
Jardines Neptuno (Grenade) 115
Jardines Nuevos (Grenade) 10-11
Jardines de San Telmo (Séville) 79
Jardins voir parcs et jardins
Jerez de la Frontera 98
    excursion depuis Ronda 52
    flamenco 59
    hôtels 141, 142, 144
    parque Zoológico 46, 62
    promenades 53, 97
    restaurants 107
    vie nocturne 106
Jeu, Gibraltar 106
Jordaens, Jakob 15
Juan Villar (Cadix) 59
Judería (Cordoue) 18
Juifs, Judería (Cordoue) 18
Juncal, El (Ronda) 141

K

Kasbah (Grenade) 116
Kempinski Resort Hotel (Estepona) 142
Kennedy, John F. 90
King, Martin Luther 97
Kiu (Benalmádena) 104

L

Langue 137
    héritage maure 37
    séjours à thème 127
Lanjarón 33
Laveries automatiques 131
Léonard de Vinci 62
Liaisons maritimes 128, 129
Lieux de culte 40-41
Linares de la Sierra
    randonnée 52
Liqueurs 69
Littérature 57
Livermore, Amalia 47
Locations 131, 146
Lonja, La (Séville) 78

Lucena
  iglesia de San Mateo 40
Lucía, Paco de 58

M

Macarena, La (Séville) 78
Macarrona, La 58
Machado, Manuel 57
Machuca, Pedro 9
Maestranza (Séville) 78
Maimonides 36
Málaga 27, 96
  alcazaba 37
  Bodega El Pimpi 67
  flamenco 59
  hébergement bon marché 147
  jardín Botánico La Concepción 47
  museo Picasso 55
  promenades 53
  restaurants 105, 107
  vie nocturne 106
  vins 102
Mañara, Miguel de 78
Mango (Séville) 80
Manolete 19
Manuel Morillo Castillo (Grenade) 114
Mar de Alborán (Benalmádena Costa) 105
Marbella 26
  hébergement bon marché 147
  hôtels 141, 142
  plage 49
  restaurants 105
  vie nocturne 104
Marbella Club Hotel (Marbella) 142
Marché aux puces (Jaén) 122
Marché d'artisanat (Séville) 80
Marchés de la province de Cordoue et Jaén 122
María de Molina (Ubeda) 143
Marinaleda 88
Martinete, El (Cazalla) 92
Maures
  Grenade maure 6, **8-13**, 37, 109
  héritage maure 36-37
Mazagón
  plage 48
Médicaments 133
Medina Azahara (Cordoue) 37, 119

Medina Sidonia 99
Mediterráneo (Cadix) 102
Melkarth 35
Mena, Alonso de 41, 111
Mena, Pedro de 55
Menú del día 131, 136
Mercadillo, El (Séville) 80
Mesa, Juan de 40
Mesón Las Candelas (Aljaraque) 93
Mesón El Corcho (Alájar) 93
Mesón Navarro (Úbeda) 123
Mesón Restaurant Yusuf (Salobreña) 117
Mezquita (Cordoue) 6, 18, **20-21**, 37, 40
Michel-Ange 41
Mijas 26
  Carromato de Max 62
  locations 146
Minarete de San Sebastián (Ronda) 25
Mini Hollywood (Almería) 63
Mirador de Aixa (Grenade) 117
Mirador del Bendito Café (Nerja) 105
Mirador de San Nicolás, El (Grenade) 13
Miraflores 103
Moguer 89
Monasterio de la Cartuja (Grenade) 109
Monasterio de San Jerónimo (Grenade) 41
Monasterio San Miguel (El Puerto de Santa María) 143
Monnaie 132
Montaña Palmera (El Cañuelo Periana) 142
Monte Castillo (Jerez) 142
Montes de Málaga
  hôtels 145
Montilla 120
  Bodegas Alvear 66
  Bodegas Robles 66
  hôtels 145
  restaurants 123
Montoro 120
Moros y Cristianos 61
Mosquées
  Almonaster La Real 40
  Mezquita (Cordoue) 6, 18, **20-21**, 37, 40
Motocyclettes 128, 129
Muelle de las Carabelas (la Rábida) 62, 89
Murillo, Bartolomé Esteban 15, 19, 23, 54, 56, 75

jardines de Murillo (Séville) 79
  maison de 77
Musées 54-55
  archivo de Indias La Lonja (Séville) 54
  casa de Castril (Grenade) 12
  museo Arqueológico (Cordoue) 19, 55
  museo Arqueológico (Séville) 76
  museo Arqueológico Cueva de Siete Palacios (Almuñécar) 55
  museo de Artes y Costumbres Populares (Séville) 78
  museo del Bandolero (Ronda) 25, 54-5
  museo de Bellas Artes (Cordoue) 19
  Museo de Bellas Artes (Séville) 54, 75
  museo de Cádiz (Cadix) 23, 54
  museo-Casa Natal Federico García Lorca (Fuente Vaqueros) 110
  museo de las Cortes de Cádiz (Cadix) 23
  museo de la Maestranza (Séville) 54
  museo Municipal (Antequera) 55
  museo Picasso (Málaga) 55
  museo Provincial y de Bellas Artes (Jaén) 55
  museo Taurino (Cordoue) 19
Musique
  festivals 61
  gitans 58
  Maures 36

N

Napoléon Ier, empereur 79
Nasrides, dynastie des 8
Navigation de plaisance 129
Nerja 27
  excursion à Almería 52
  hôtels 142
  plage 49
  restaurants 105
  vie nocturne 106
NH Amistad (Cordoue) 143
Nicéphore III, empereur 21
Niebla 90
Níjar 114

Index

Niña de los Peines, La 58
Nourriture et boissons 65, 68-69, 136
  apports maures 37
  faire des achats 91
  pique-nique 131
  sécurité 130
  voir aussi restaurants ; bars à tapas
Nourriture végétarienne 136
Nucra (Cordoue) 122
Nuñez de Prado (Baena) 122

O

Objets artisanaux en métal 65
Offices du tourisme 126
Olivia Valere (Marbella) 104
Opéra 57
Oratorio de San Felipe Neri (Cadix) 40
Oratorio de la Santa Cueva (Cadix) 23
Orce 145
Ordonnances médicales 133
Órgiva 33
Osborne Bodega 66
Osuna 88
  cafés et bars à tapas 92
  colegiata de Santa María de la Asunción 40
  palacio del Marqués de la Gomera 38
  restaurants 93
Osuna, ducs d' 88
Oyarzábal, Jorge Loring 47

P

Padilla, María de 17, 75
Palacios 38-9
  alcázar de los Reyes Cristianos (Cordoue) 18
  casa de Pilatos (Séville) 38
  Medina Azahara (Cordoue) 37
  palacio de Acebrán 31
  palacio de Carlos V (Grenade) 9
  palacio de Carlos V (Séville) 17
  palacio de Comares (Grenade) 9
  palacio Episcopal (Cordoue) 18
  palacio de Jabalquinto (Baeza) 29, 121
  palacio de los Leones (Grenade) 9

palacio del Marqués de la Gomera (Osuna) 38
palacio del Marqués de Salvatierra (Ronda) 24
palacio de los Marquesas de Viana (Cordoue) 19
palacio de Mexuar (Grenade) 9
palacio de Mondragón (Ronda) 25
palacio de la Rambla (Úbeda) 141
Real Chancillería (Grenade) 12
Reales Alcázares (Séville) 6, **16-17**, 37, 38, 75, 77, 79
Palenque, El (Séville) 81
Palladium, The (Torremolinos) 104
Pâques 15, 60
Parador Alcázar del Rey (Carmona) 140
Parador de Antequera 140
Parador Arcos de la Frontera 140
Parador de Ayamonte 140
Parador Castillo de Santa Catalina (Jaén) 140
Parador Condestable Dávalos (Úbeda) 140
Parador del Gibralfaro (Málaga) 140
Parador Hotel Atlántico (Cadix) 140
Parador de Mazagón 140
Parador de Ronda 140
Parador de San Francisco (Grenade) 139
Paradors 140
Parcs et jardins 46-47
  alcázar de los Reyes Cristianos (Cordoue) 47
  Generalife (Grenade) **10-11**
  Grenade 9
  jardín Botánico La Concepción (Málaga) 47
  jardines de Murillo (Séville) 77, 79
  jardines de San Telmo (Séville) 79
  Maures 36
  parque Genovés (Cadix) 46
  parque de María Luísa (Séville) 46, 79
  plaza Nueva (Séville) 79
  Reales Alcázares (Séville) 79
  Séville 17

Parque Acuático Aquavera (Vera) 63
Parque Minero de Río Tinto, El 87
Parque Nacional del Coto Doñana 7, **30-31**, 44, 87
Parque Natural de los Montes de Málaga 45
Parque Natural de la Sierra de Cardeña y Montoro 44
Parque de la Sierra de Aracena y Picos de Aroche 90
Parque Zoológico (Jerez) 46, 62
Parrala, La (Moguer) 89
Partal (Grenade) 9
Paseos 46-47
  paseo Alcalde Marqués de Contadero (Séville) 79
  paseo de la Constitución (Baeza) 47, 121
  paseo Marqués de Contadero (Séville) 46
  paseo del Parque (Málaga) 96
  paseo de los Tristes (Grenade) 12
Patio de la Acequia (Grenade) 11
Patio de los Cipreses (Grenade) 11
Patio de las Doncellas (Séville) 17
Patio de la Montería (Séville) 17
Patio de las Muñecas (Séville) 17
Patio de los Naranjos (Cordoue) 20
Patio de los Naranjos (Séville) 14
Patio San Eloy (Séville) 84
Patio Sevillano, El (Séville) 81
Patio del Yeso (Séville) 16
Pêche 51
Pedro Domecq 66, 97
Pèlerinages 127
Peña de Juan Breva (Málaga) 59
La Peña Platería (Grenade) 59
Peña El Taranto (Almería) 59, 115
Peñas, Las (Aroche) 93
Pensión La Purísima (Ronda) 147
Periana

locations 146
Pervane (Grenade) 116
Petit déjeuner 136
Pharmacies 133
Philippe V 35
Philosophie, à Cordoue 36
Picasso, Pablo 57, 96
    museo Picasso (Málaga) 55
Pie de la Vela (Grenade) 115
Pierre Ier le Cruel 16, 17, 75
Pilate, Ponce 75
Pique-nique 131
Pisano, Nicola 78
Plages 48-9
    Almuñécar 49
    Ayamonte 48
    Cabo de Gata 49
    Chipiona 48
    Marbella 49
    Mazagón 48
    Nerja 49
    snack-bars 130
    Tarifa 48
    Torre del Mar 49
    Torremolinos 49
Planche à voile 50
Planta Baja (Grenade) 115
Plasticulture 110
Plata (Séville) 84
Playa Cotobro 117
Plazas 46-47
    plaza de la Alfalfa (Séville) 79
    plaza de los Aljibes (Grenade) 8
    plaza de la Corredera (Cordoue) 47
    plaza de España (Séville) 76
    plaza de las Flores (Cadix) 23
    plaza Larga (Grenade) 13
    plaza Nueva (Grenade) 47, 111
    plaza del Pópulo (Baeza) 28, 121
    plaza del Potro (Cordoue) 19
    plaza del Primero de Mayo (Úbeda) 29
    plaza de San Francisco (Séville) 79
    plaza San Juan de Dios (Cadix) 22, 46
    plaza San Lorenzo (Úbeda) 29
    plaza San Pedro (Úbeda) 29
    plaza de Santa Cruz

(Séville) 77, 79
    plaza Santa María (Baeza) 28, 121
    plaza de Toros (Ronda) 25
    plaza de Vázquez de Molina (Úbeda) 29
Plongée sous-marine 50
Police 133
Pompiers 133
Porter, Cole 97
Posá Dos, La (Estepona) 105
Posada Doña Lupe (Grenade) 139
Posada La Niña Margarita (Los Villares) 145
Poteries 29, 64, 65, 91, 122
Pourboires 136, 137
Préparer le voyage 126
Presse 132
Prix d'entrée 131
Provinces de Cordoue et Jaén 118-23
    boutiques et marchés 122
    carte 118
    excursions 53
    restaurants 123
Provinces de Grenade et Almería 108-17
    artisanats traditionnels 114
    carte 108
    hôtels 142
    restaurants 117
    salons de thé et bars à tapas 116
    vie nocturne 115
Provinces de Málaga et Cadix 94-107
    carte 94
    faire des achats 102
    golfs de la Costa del Sol 103
    restaurants 105, 107
    vie nocturne 104, 106
Provinces de Séville et Huelva 86-93
    cafés et bars à tapas 92
    carte 86
    faire des achats 91
    promenades 89
    restaurants 93
Pueblos blancos (villages blancs) 24, 96-97
Puente Nuevo (Ronda) 24
Puente Romano (Cordoue) 19
Puente de San Miguel (Ronda) 24
Puente Viejo (Ronda) 24

Puerta Ancha, La (Ayamonte) 92
Puerta de Jaén (Baeza) 28, 121
Puerta de la Justicia (Grenade) 8
Puerta del León (Séville) 16
Puerta del Perdón (Cordoue) 20
Puerta del Perdón (Séville) 14
Puerta del Vino (Grenade) 8
Puerto de Santa María, El 99
    hôtels 143
    restaurants 107
Puerto del Suspiro del Moro 33
Punta Umbria
    cafés et bars à tapas 92

Q
Quinto Toro, El (Almería) 116

R
Rábida, la 89
    cafés et bars à tapas 92
    muelle de las Carabelas 62
Raciones 136
Radio 132
Randonnée 50, 52-53, 129
    Alájar à Linares de la Sierra 52
    río Borosa 52
    Rute à Iznájar 52
    séjours à thème 127
    serranía de Ronda 52
    sierra Nevada 32
    sud de la Tahá 52
    voir aussi promenades
Real Chancillería (Grenade) 12
Real Club de Golf Sotogrande 103
Real Club Las Brisas 103
Reales Alcázares (Séville) 6, **16-17**, 37, 38, 75, 77, 79
Reina Cristina (Algésiras) 141
Religion
    fêtes religieuses 60-61
    pèlerinages 127
Renaissance, architecture 29
Réserves de la biosphère de l'Unesco 44, 45
Réserves naturelles 44-5
    Cabo de Gatar-Nijar 45
    parque Nacional del Coto Doñana 7, 30-31, 44, 87
    parque Natural de los Montes de Málaga 45

parque Natural de la Sierra de Cardeña y Montoro 44
sierra de Aracena y Picos de Aroche Park 44
sierra de Cazorla 44
sierra de Grazalema 45
sierra Nevada 44
sierra Norte 44
Torcal, El 45
Restaurante Andrés de Vandelvira (Baeza) 123
Restaurante Doña Guadalupe (Osuna) 93
Restaurante La Escalera (Torremolinos) 105
Restaurante Gaitán (Jerez de la Frontera) 97
Restaurante González (Trevélez) 117
Restaurante María Angeles (Séville) 85
Restaurante Las Ninfas (Écija) 93
Restaurante San Fernando (Carmona) 93
Restaurante Seli (Baeza) 121
Restaurante Valentín (Almería) 117
Restaurante El Ventorro (Alhama de Grenade) 117
Restaurants 136
Andalousie bon marché 131
avec des enfants 135
Costa del Sol 105
provinces de Cordoue et Jaén 123
provinces de Grenade et Almería 117
provinces de Málaga et Cadix 105, 107
provinces de Séville et Huelva 93
Séville 85
voir aussi nourriture et boissons
Retraites rurales 145
Riaño, Diego de 38
Ribera, José de 19, 40, 54, 56, 88
Rincón Flamenco (Torremolinos) 104
Rinconcillo, El (Séville) 85
Rinconcito, El (Huelva City) 93
Río Tinto 31
Rocío, El 42, 87, 114
hôtels 143

restaurants 93
romería 31
Roldán, Pedro 41, 56
Romerías 31, 60
Romero, Pedro 25
Ronda 7, **24-25**, 95
excursion à Jerez 52
faire des achats 102
hébergement bon marché 147
hôtels 141, 142, 144
museo del Bandolero 54-55
plan 25
promenades 53
restaurants 107
vie nocturne 106
Rubens, Peter Paul 54
Ruiz-Picasso, Bernard 55
Ruiz-Picasso, Christine 55
Rushdie, Salman 57
Rute 52

S
Sabiote 43
Sacristía, La (Séville) 85
Sacristía de los Cálices (Séville) 15
Sacristía Mayor (Séville) 15
Sacromonte 13
Sala Capitular (Séville) 15
Sala de Justicia (Séville) 16
Sala Príncipe (Grenade) 115
Salobreña 117
Salón de Embajadores (Séville) 17
Salons de thé
Grenade 13
provinces de Grenade et Almería 116
Séjours à thème 127
San Juan 61
San Miguel del Cabo de Gata 117
San Roque 103
hôtels 141
Sandeman 66
Sangria 69
Sanlúcar de Barrameda 59
Santa Ana Apartamentos Turísticos (Grenade) 146
Santa Olalla del Cala 90
Santé 133
Sargadelos (Séville) 80
SeaLife (Benalmádena) 63
Sciences et techniques maures 37
Sécurité 130

Seises, Los (Séville) 138
Séjours culturels 127
Séjours « tout compris » 128, 131
Semana Santa 15, 60
Séniors 134
Serranía de Ronda
randonnée 52
Services postaux 132
Séville 74-85
archivo de Indias La Lonja 54
Ayuntamiento 38
cafés et bars à tapas 84
casa de Pilatos 38
cathédrale 6, **14-15**, 40, 75, 77
faire des achats 80
Giralda 6, **14-15**, 75
hébergement 146
hôtels 138
Isla Mágica 62
museo de Bellas Artes 54, 75
museo de la Maestranza 54
parcs, promenades et places 79
parque de María Luisa 46
plan 74
promenades 53, 77
Reales Alcázares 6, **16-17**, 37, 38, 75, 77, 79
restaurants 85
théâtres et clubs de flamenco 59, 83
Sierra de Aracena y Picos de Aroche 44
hôtels 145
Sierra de Cazorla 44
Sierra de Grazalema 45
Sierra Nevada 7, **32-33**, 44, 109
hébergement bon marché 147
Sierra Norte 44
Siloé, Diego de 12, 41
Ski 32, 50
Soins médicaux 133
Solynieve 32
Souvenirs 64-5
provinces de Séville et Huelva 91
Spéléologie 50
Sports 50-51
Sports extrêmes 127
Sud de la Tahá
randonnée 52
Surf 50

T

Taberna de Alabardero
(Séville) 85
Taberna Flamenca, La (Jerez)
59
Taberna La Manchega (Jaén)
123
Taberna Salinas (Cordoue) 123
Taberna Sociedad de
Plateros (Cordoue) 123
Tablao Flamenco Cardenal
(Cordoue) 59
Tajo (Ronda) 24
Tapas, bars à
Andalousie bon marché
131
provinces de Grenade et
Almería 115
provinces de Séville et
Huelva 92
Séville 84
tapas 70-71, 136
Tarifa 99
excursion à Cadix 53
plage 48
vie nocturne 106
Taxes 131, 137
Taxis 129
Teatro (Grenade) 10
Teatro Alameda (Séville) 81
Teatro Central (Séville) 81
Teatro Lope de Vega (Séville)
81
Teatro de la Maestranza
(Séville) 81
Teatro Romano (Cadix) 22
Tejar, El (Séville) 84
Téléphoner 132
Television 132
Tetería Al-Zahra (Ronda) 107
Tetería del Bañuelo, La
(Grenade) 111, 116
Thé à la menthe 69
Tienda del Olivo, La
(Cordoue) 122
Tinao del Mar, El (La
Ilerradura) 117
Tintero II, El (Málaga) 105
Tinto, río 87
Tissages 65
Tívoli World (Benalmádena) 62
Toilettes publiques 134
Torcal, El 45, 99
Torre del Alminar (Cordoue) 21
Torre del Mar 27, 49
Torre del Oro (Séville) 76-77
Torre de Plata (Séville) 76-77

Torre Tavira (Cadix) 23
Torregiano, Pietro 75
Torremolinos 27
plage 49
restaurants 105
vie nocturne 104
Tours de l'Alhambra
(Grenade) 10
Tragabuches (Ronda) 107
Train 127, 128, 129
Trajan, empereur 35, 89
Transports aériens 128
Trevélez 117
TVA 131

U

Úbeda 7, **28-29**, 119
boutiques et marchés 122
capilla del Salvador 41
hôtels 141, 143
promenades 53
restaurants 123
Urgences 133

V

Valderrama 103
Valdés Leal, Juan de 19, 54,
75, 78
Valle de Lecrín 33
Valle de los Pedroches 120
Vandelvira, Andrés de 56
capilla del Salvador
(Úbeda) 29, 41
cathédrale de Baeza 28
cathédrale de Jaén 41,
121
Sabiote 43
Varsovia (Málaga) 106
Vásquez 54
Vega, Lope de 81
Vejer de la Frontera 37, 42, 99
Velázquez, Diego Rodríguez
de Silva y 38, 54, 56
Vélez-Málaga 27
Vendeurs de rues 130
Ventorrillo del Chato (Cadix)
107
Vera, parque Acuático
Aquavera 63
Verámica Fabre (Grenade) 114
Véronique, sainte 41
Vêtements
à l'église 130
qu'emporter 126
Vie nocturne
avec des enfants 135
bon marché 131

Costa del Sol 104
provinces de Grenade et
Almería 115
provinces de Málaga et
Cadix 104, 106
Villa Turística de Cazalla 146
Villa Turística Grazalema 146
Villages 42-43
Villares, Los 145
Villes « western » 111
Vin 69, 98
caves 66-67
fêtes 61
malaga 102
séjours à thème 127
Virgen del Carmen 61
Voile 51, 129
Voitures 128, 129
location 128
sécurité 130
voir aussi excursions
Voyageurs handicapés 133,
134

W

Wisigoths 21
Promenades à pied 53, 129
Baeza 121
Grenade 111
Jerez de la Frontera 97
provinces de Séville et
Huelva 89
Séville 77
voir aussi randonnée
Weyden, Roger van der 109

X, Y, Z

Xérès 69, 98, 102
bodegas et et caves 66-67,
127
fêtes 61
Yegen 33
Zahara de la Sierra 43
Zahara de los Atunes 145
Zara (Séville) 80
Zoos
parque Zoológico (Jerez)
46, 62
SeaLife (Benalmádena) 63
Zoraya 11
Zufre 90
Zurbarán, Francisco de 15,
19, 23, 38, 54, 56, 75, 97
Saint Luc devant le Christ
56
ZZ Pub (Málaga) 106

Remerciements

Auteur principal
Né aux États-Unis, Jeffrey Kennedy vit principalement en Italie et en Espagne. Diplômé de Stanford, il partage son temps entre la production, le métier d'acteur et l'écriture. Il est le co-auteur du *Top 10 Rome* et l'auteur du *Top 10 Majorque*, du *Top 10 Miami et les Keys* et du *Top 10 San Francisco*.

Produit par Sargasso Media Ltd, Londres

Direction éditoriale Zoë Ross
Direction artistique Janis Utton
Iconographie Monica Allende
Correction Stewart J Wild
Index Hilary Bird
Collaboration éditoriale Cristina Barrallo

Principal photographe
Peter Wilson
Photographies d'appoint
Neil Lukas, John Miller, Linda Whitwam

Illustration
chrisorr.com

CHEZ DORLING KINDERSLEY
Éditeur Douglas Amrine
Direction de la publication Anna Streiffert
Responsable de la direction artistique Jane Ewart
Responsable de la cartographie Casper Morris
Informatique éditoriale Jason Little
Fabrication Melanie Dowland
Cartographie James Macdonald, Mapping Ideas Ltd

Crédits photographiques
h=en haut ; hc=en haut au centre ; hd=en haut à droite ; cgh=au centre à gauche en haut ; ch=au centre en haut ; cdh=au centre à droite en haut ; cg=au centre à gauche ; c= au centre ; cd=au centre à droite ; cgb=au centre à gauche en bas ; cb=au centre en bas ; cdb=au centre à droite en bas ; bg=en bas à gauche ; bc=en bas au centre ; bd=en bas à droite

Malgré le soin apporté à dresser la liste des photographies publiées, nous demandons à ceux qui auraient été involontairement omis de bien vouloir nous en excuser. Cette erreur serait corrigée à la prochaine édition de l'ouvrage.

L'édieur exprime sa reconnaissance aux particuliers, sociétés et photothèques qui ont autorisé la reproduction de leurs photographies.

AISA, Barcelone : 7b, 13h, 23cd, 29h, 30b, 30-31, 31cdh, 31cdb, 31b, 32-33, 34ch, 35d, 44hd, 44hg, 50b, 50hd, 52hd, 56hg, 56hd, 56b, 57b, 57d, 58hg, 60b, 61d, 66hd, 66b, 67cg, 87c, 87b, 90 hd, 97h. 134hc
CORBIS : 103hg, 103hd ; COVER, Madrid : 13b, 34b
GETTY IMAGES : 1
MARCO POLO, Madrid : 30h, 31h, 33cdb
OFFICE DU TOURISME, Andalousie : 59c, 59d, 60hg, 60hd, 61h, 62hd, 93h, 135hd

Couvertures
Photos spéciales sauf Ace Photo Agency : Mauritius F/C cb ; Alamy Images : Peter Bowater photo principale ; Neil Lukas b ; Linda Whitwam cb; Corbis : Paul Almasy B/C g ; Arena PAL : Steve Gillet F/C h.

Toutes autres illustrations © Dorling Kindersley. Pour de plus amples informations : www.dkimages.com.

Lexique

En cas d'urgence

Au secours !	¡Socorro!
Arrêtez !	¡Pare!
Appelez un docteur !	¡Llame a un médico!
Appelez une ambulance !	¡Llame a una ambulancia!
Appelez la police !	¡Llame a la policía!
Appelez les pompiers !	¡Llame a los bomberos!
Où est le téléphone le plus proche ?	¿Dónde está el teléfono más próximo?
Où est l'hôpital le plus proche ?	¿Dónde está el hospital más próximo?

L'essentiel

Oui	Sí
Non	No
S'il vous plaît	Por favor
Merci	Gracias
Excusez-moi	Perdone
Bonjour	Hola
Au revoir	Adiós
Bonne nuit	Buenas noches
Matin	La mañana
Après-midi	La tarde
Soir	La tarde
Hier	Ayer
Aujourd'hui	Hoy
Demain	Mañana
Ici	Aquí
Là	Allí
Quoi ?	¿Qué?
Quand ?	¿Cuándo?
Pourquoi ?	¿Por qué?
Où ?	¿Dónde?

Quelques phrases utiles

Comment allez-vous ?	¿Cómo está usted?
Très bien, merci	Muy bien, gracias
Ravi de faire votre connaissance.	Encantado de conocerle.
À bientôt.	Hasta pronto.
C'est parfait	Está bien
Où est/sont . . . ?	¿Dónde está/están . . . ?
À quelle distance se trouve . . . ?	¿Cuántos metros/kilómetros hay de aquí a . . . ?
Comment aller à. . . ?	¿Por dónde se va a . . . ?
Parlez-vous français ?	¿Habla frances?
Je ne comprends pas	No comprendo
Pouvez-vous parler plus lentement s'il vous plaît ?	¿Puede hablar más despacio por favor?
Excusez-moi	Lo siento

Quelques mots utiles

grand	grande
petit	pequeño
chaud	caliente
froid	frío
bon	bueno
mauvais	malo
assez	bastante
bien	bien
ouvert	abierto
fermé	cerrado
gauche	izquierda
droite	derecha
tout droit	todo recto

près	cerca
loin	lejos
en haut	arriba
en bas	abajo
tôt	temprano
tard	tarde
entrée	entrada
sortie	salida
toilettes	lavabos, servicios
plus	más
moins	menos

Le shopping

Combien cela coûte-t-il ?	¿Cuánto cuesta ésto?
Je voudrais . . .	Me gustaría . . .
Avez-vous ?	¿Tienen?
Je ne fais que regarder	Sólo estoy mirando
Acceptez-vous les cartes de crédit ?	¿Aceptan tarjetas de crédito?
À quelle heure ouvrez-vous ?	¿A qué hora abren?
À quelle heure fermez-vous ?	¿A qué hora cierran?
Ceci	Éste
Cela	Ése
cher	caro
bon marché	barato
taille (vêtement)	talla
pointure	número
blanc	blanco
noir	negro
rouge	rojo
jaune	amarillo
vert	verde
bleu	azul
le magasin d'antiquités	la tienda de antigüedades
la boulangerie	la panadería
la banque	el banco
la librairie	la librería
la boucherie	la carnicería
la pâtisserie	la pastelería
la pharmacie	la farmacia
la poissonnerie	la pescadería
le magasin de fruits et légumes	la frutería
l'épicerie	la tienda de comestibles
le salon de coiffure	la peluquería
le marché	el mercado
le marchand de journaux	el kiosko de prensa
la poste	la oficina de correos
le magasin de chaussures	la zapatería
le supermarché	el supermercado
le débit de tabac	el estanco
l'agence de voyages	la agencia de viajes

Le tourisme

le musée	el museo de arte
la cathédrale	la catedral
l'église	la iglesia
	la basílica
le jardin	el jardín
la bibliothèque	la biblioteca
le musée	el museo
l'office du tourisme	la oficina de turismo
l'hôtel de ville	el ayuntamiento
fermé pour congés	cerrado por vacaciones
l'arrêt de bus	la estación de autobuses
la gare	la estación de trenes

Lexique

À l'hôtel

Avez-vous une chambre libre ?	¿Tiene una habitación libre?
chambre pour deux personnes	habitación doble
avec un grand lit	con cama de matrimonio
chambre à lits jumeaux	habitación con dos camas
chambre pour une personne	habitación individual
chambre avec bain	habitación con baño
douche	ducha
le groom	el botones
la clé	la llave
J'ai réservé une chambre	Tengo una habitación reservada

Au restaurant

Avez-vous une table pour . . . ?	¿Tiene mesa para . . .?
Je voudrais réserver une table	Quiero reservar una mesa
L'addition	La cuenta
Je suis végétarien/ne	Soy vegetariano/a
serveuse/ serveur	camarera/ camarero
la carte	la carta
menu à prix fixe	menú del día
la carte des vins	la carta de vinos
un verre	un vaso
une bouteille	una botella
un couteau	un cuchillo
une fourchette	un tenedor
une cuillère	una cuchara
le petit déjeuner	el desayuno
le déjeuner	la comida/ el almuerzo
le dîner	la cena
le plat principal	el primer plato
les hors-d'œuvre	los entremeses
le plat du jour	el plato del día
le café	el café
saignant	poco hecho
à point	medio hecho
bien cuit	muy hecho

Lire la carte

al horno	au four
asado	rôti
el aceite	l'huile
las aceitunas	les olives
el agua mineral	l'eau minérale
sin gas/con gas	plate/gazeuse
el ajo	l'ail
el arroz	le riz
el azúcar	le sucre
la carne	la viande
la cebolla	l'oignon
el cerdo	le porc
la cerveza	la bière
el chocolate	le chocolat
el chorizo	le chorizo
el cordero	l'agneau
el fiambre	la charcuterie
frito	frit
la fruta	le fruit
los frutos secos	les fruits secs
las gambas	les crevettes
el helado	la crème glacée
el huevo	l'œuf
el jamón serrano	le jambon de montagne
el jerez	le xérès
la langosta	la langouste
la leche	le lait
el limón	le citron

la limonada	la limonade
la mantequilla	le beurre
la manzana	la pomme
los mariscos	les fruits de mer
la menestra	la soupe de légumes
la naranja	l'orange
el pan	le pain
el pastel	le gâteau
las patatas	les pommes de terre
el pescado	le poisson
la pimienta	le poivre
el plátano	la banane
el pollo	le poulet
el postre	le dessert
el queso	le fromage
la sal	le sel
la salsa	la sauce
seco	sec
el solomillo	le filet
la sopa	la soupe
la tarta	la tarte
el té	le thé
la ternera	le bœuf
el vinagre	le vinaigre
el vino blanco	le vin blanc
el vino rosado	le vin rosé
el vino tinto	le vin rouge

Les nombres

0	cero
1	uno
2	dos
3	tres
4	cuatro
5	cinco
6	seis
7	siete
8	ocho
9	nueve
10	diez
11	once
12	doce
13	trece
14	catorce
15	quince
16	dieciséis
17	diecisiete
18	dieciocho
19	diecinueve
20	veinte
21	veintiuno
22	veintidós
30	treinta
31	treinta y uno
40	cuarenta
50	cincuenta
60	sesenta
70	setenta
80	ochenta
90	noventa
100	cien
101	ciento uno
200	doscientos
500	quinientos
700	setecientos
900	novecientos
1 000	mil
1 001	mil uno

Le jour et l'heure

une minute	un minuto
une heure	una hora
demi-heure	media hora
lundi	lunes
mardi	martes
mercredi	miércoles
jeudi	jueves
vendredi	viernes
samedi	sábado
dimanche	domingo